Reichel
Verlag

Das Buch

Nimmt man die Möglichkeit ernst, dass bestimmte Ereignisse von Propheten vorausgesehen werden, und es in Europa wieder zu einem 3. Kriegsausbruch kommt – wie von vielen Sehern vorausgesagt –, dann ergibt sich dieser praktische und nüchterne Leitfaden. Er bündelt Alarmzeichen je nach Gefahrenstufe und gibt Ratschläge, was in einzelnen Fällen zu tun ist und an welchen Orten in Deutschland, der Schweiz und Österreich man einigermaßen sicher ist. Landkarten über sichere und besonders bedrohte Gebiete vervollständigen das Bild.

Autor

Erich Berger ist 1954 in Friedberg (Hessen) geboren. Er studierte Medizin in Marburg an der Lahn und arbeitet als Naturarzt und Akupunkteur. Seit 2010 lebt er mit seiner Frau in der Schweiz.

Die Inspiration zu diesem Buch bekam Erich Berger von seinem Vater, der sich sehr intensiv mit Nostradamus beschäftigt hatte. So stellte sich ihm immer wieder die Frage, ob er Prophezeiungen ablehnen oder ernst nehmen sollte. Er entschied sich für letzteres, was ihn veranlasste, in die Schweiz zu ziehen und dieses Buch zu schreiben. Anfangs war es als Warnung und Ratgeber für seine Freunde und Patienten gedacht. Später entschied er sich, den Inhalt einer breiteren Öffentlichkeit zugänglich zu machen.

Erich Berger

Prophezeiungen zum Krieg in Europa

Vorsorgen und schützen

D 93055 Regensburg

E-Mail: mailo@reichel-verlag.de

www.reichel-verlag.de

Überarbeitung des Buches “Prophezeiungen ernst genommen”

Umschlaggestaltung Christian Wolf

ISBN 978-3-910402-00-3

Gewidmet
meiner geliebten Frau Salome

Inhalt

VORWORT

Auch wenn sich dieses Buch mit einem sehr ernsten Thema beschäftigt, so kann es doch auch Hoffnung machen. Die Propheten verkünden zwar sehr dunkle Zeiten, die auf uns zukommen, aber sie verkünden auch ein goldenes Zeitalter für alle, die diese Zeiten überleben. Und das werden viele sein. Sie werden also in dieser kommenden Zeit glücklicher, hoffnungsvoller und freier sein, als Sie es jetzt sind.

Wenn Sie an Prophetien glauben, wird Ihnen dieses Buch helfen, die dunklen Zeiten zu überstehen. Und wenn Sie an Prophetien glauben, dann müssen Sie auch an die Verkündung der hellen Zeit glauben, die der dunklen folgen wird. Stellen Sie sich immer diese Zeit vor, wenn Sie in der dunklen Zeit entmutigt werden, und glauben Sie fest daran, dass Sie sie erleben werden. Ich zitiere hier einige Propheten-Aussagen dazu:

Aus dem Lied der Linde:

„Neuer Frühling lacht der ganzen Welt ..."

„Reiche Ernte schau ich jedes Jahr,

Weiser Männer große Schar,

Seuch und Kriege sind der Welt entrückt,

Wer die Zeit erlebt, ist hochbeglückt."

Irlmaier:

„Man habe dann sehr viel weniger Geld und Gesetze, es sei ein freieres, besseres Leben ..."

„Die Leut werden sich alle gut verstehen und man wird kaum mehr ein böses Wort hören ..."

„Die landlosen Leute wandern nun dorthin, wo eine Wüste entstanden ist, und jeder kann sich, wo er wolle, ansiedeln und so viel Land bebauen, wie er zu bewirtschaften in der Lage sei. Danach komme eine lange glückliche Zeit. Wer es erlebe, dürfe sich glücklich schätzen."

Böhmischer Seher:

Deutschland wird sich am ehesten aus den Kriegswirren erheben und einen Kaiser aus dem Geschlecht der Habsburger im Kölner Dom krönen. Dann wird die glücklichste Zeit kommen, die je auf Erden gewesen ist.

Hepidamus:

Du siehst jetzt nichts als Kämpfe, Blut, Schlachten und Tod, aber das Geschlecht der Menschen wird nach diesen Kämpfen herrlicher aufblühen als je zuvor.

Überlieferung aus dem Böhmischen (Michalda):

Die Menschheit wird froher sein und freier. Sie wird aber auch um vieles bescheidener sein ... Glückliche Menschen bewohnen die Häuser. Den weiten Raum erfüllt frohes Kinderlachen.

Das, und nicht die Dunkelheit, ist letztlich das, was Sie erwartet.

Kapitel 1
KANN ES EINEN DRITTEN WELTKRIEG GEBEN?

Die meisten der von mir untersuchten Propheten prophezeien eine massive Invasion von „Völkern aus dem Osten“ nach Mitteleuropa. Manche benennen direkt Russland als den Invasor. Ich möchte hier den russischen Machthabern nicht unterstellen, dass sie eine Invasion Westeuropas vorhaben. Ich kann mir aber nicht vorstellen, welche anderen „Völker aus dem Osten“ in der Lage sein sollen, eine massive Invasion gegen die NATO durchzuführen. Wenn wir die Propheten ernst nehmen wollen, dann dürfen wir nicht um den heißen Brei herumreden. Mit „Völker aus dem Osten“ können sie in der heutigen Zeit nur Russland meinen. Ich will hier nicht die Russen verunglimpfen und nicht gegen sie hetzen. Ich nehme nur die Prophezeiungen beim Wort, was ja der Sinn dieses Buches ist. Wenn die Prophezeiungen zutreffen, kann ich in der jetzigen geopolitischen Konstellation leider nur Russland als den prophezeiten Invasor erkennen. Ich würde mich gerne eines Besseren belehren lassen, sehe aber nicht wie.

Daher muss mir die Frage erlaubt sein:

Ist es überhaupt denkbar, dass Russlands Machthaber riskieren, Westeuropa zu überfallen, um es bis zum Atlantik zu besetzen?

Riskieren sie dabei nicht die Verwüstung ganz Russlands?

Können Sie dabei überhaupt etwas gewinnen?

Betrachten wir uns die Situation Russlands.

Es ist abgesunken vom Status einer Weltmacht und wird umringt im Westen und Süden von der NATO und den Einflusszonen der USA. Die Ostseehäfen hat es bereits verloren und der einzige Schwarzmeerhafen in der Ukraine würde durch einen NATO-Beitritt dieses Landes auch verloren gehen. Dann wäre Russland praktisch vom direkten Zugriff auf den Welthandel abgeschnitten. Hinzu kommt, dass die USA versuchen, durch ihr strategisches Raketenabwehrsystem für Interkontinentalraketen fast unangreifbar zu werden. Im Osten wird Russland bedroht von einem aufstrebenden China, das nach den Bodenschätzen in der Mongolei und in Sibirien schielt. Die russischen Eliten haben inzwischen zwar Geld genug, aber es fehlt ihnen das Bewusstsein, wirklich zu den Mächtigen der Welt zu gehören, und das nagt an ihrem Stolz. Wie sollen die russischen Eliten wieder das Gefühl bekommen, an der Spitze einer Weltmacht zu stehen?

Natürlich würden im Falle eines dritten Weltkrieges alle Kriegs- beteiligten verwüstet werden. Aber das betrifft natürlich nicht die Eliten, die für den Krieg verantwortlich sind, weil diese ja in ihren sicheren Bunkern sitzen. Sie selbst würden erst in Gefahr kommen, wenn der Gegner ihr Land direkt besetzt und sie aus den Bunkern holt. Wenn die russischen Machthaber sich aber ausrechnen, Europa bis zum Atlantik besetzen zu können, während die USA und Russland atomar verwüstet werden, dann kann die erschöpfte USA keinen Fuß mehr in Europa fassen und es beginnt die Erholungsphase. Nach dieser wird Russland, mit Europa unter seiner Kontrolle, sehr viel besser dastehen als jetzt. Insbesondere dann, wenn es selbst Westeuropa nicht atomar verwüstet hat und daher dort die Erholungsphase, unter russischer Kontrolle, recht rasch abläuft. Dann sind die russischen Machthaber wieder das, was jeder Machthaber unbedingt sein will, die Ersten von allen.

Man muss sich immer vor Augen halten, dass ein kommender Weltkrieg nicht in der Kriegsphase, sondern in der Erholungsphase danach gewonnen wird. Es sei denn, der Sieger kann das Land des Gegners besetzen, was aber weder den Amerikanern noch den Russen nach der Kriegsphase noch möglich sein dürfte. Europa aber können die Russen besetzen.

Aber ich glaube nicht, dass es zu einem atomaren Weltkrieg kommen würde, wenn die Russen die Nato in Europa angreifen. Führten die USA isoliert einen atomaren Krieg mit Russland, sind sie danach viel zu schwach, um dem Aufstieg Chinas zur einzigen Weltmacht etwas entgegen zu setzen. Die USA müssten bei einem atomaren Krieg immer auch China mit hineinziehen. Und das dürfte ihre Kräfte übersteigen. Europa ist nicht der natürliche Freund der USA, sondern nur ein Kalkül für deren Interessen (*Was auch legitim und verständlich ist*) und ein Konkurrent. Es ist gut, um die Russen zu schwächen und ihnen Paroli zu bieten, damit die USA die Hände frei haben gegen China, ihren wahren Gegner. Greift Russland Europa an, dann werden die USA keinen Atomkrieg riskieren und Russland wird seine Atomwaffen auch zurückhalten, um die USA nicht zu sehr zu provozieren.

Es würde diese nur einsetzen, wenn es den Krieg zu verlieren droht, bzw. nur begrenzt. Die USA können und werden Europa eher pro forma unterstützen und darauf hoffen, dass sich die Europäer selbst helfen können. Russland muss nur rasch und energisch bis zum Atlantik vorstoßen, bevor die USA registrieren, dass die Europäer sich doch nicht selber helfen können. Sind die Russen erst am Atlantik, können die USA nur noch mit einem Atomkrieg helfen, den sie aber nicht machen können, ohne sich selbst aufzugeben. Es ist ein riskanter, aber nicht allzu riskanter Plan Russlands, sich Europa einzuverleiben.

Damit ein solcher Plan ins Auge gefasst werden kann, erfordert es folgende Voraussetzungen, von denen die russischen Machthaber überzeugt sein müssen, damit sie einen Krieg beginnen:

1. Sie müssen überzeugt sein, Europa mit konventionellen Mitteln in wenigen Tagen überrollen zu können. Ihre strategischen Atomwaffen brauchen sie alle gegen die USA und England. Schnelligkeit ist essenziell, daher dürfen sie sich keine Hindernisse in den Weg legen.

2. Außerdem wäre es für die Erholungsphase schlecht, Westeuropas Industrien zu verwüsten. Höchstens taktische Atomwaffen kommen auf dem europäischen Festland in Frage. Die rein konventionelle Überlegenheit der Russen gegenüber den Europäern muss also sehr massiv sein und sie müssen über große Panzermassen verfügen, um rasch viel Raum Richtung Atlantik zu gewinnen. Zudem benötigen sie viel Lufttransport-Kapazität für Luftlandetruppen. Entscheidend ist eine starke Jäger-Luftwaffe, um die Lufthoheit über Europa rasch zu erlangen.

3. Eine starke Polizeitruppe, die in geschützten Bunkern aus allem rausgehalten wird, kann dann nach der Verwüstung die besetzten Gebiete kontrollieren und die Herrschaft der Elite erhalten.

4. Sie müssen einen Plan haben, um einen massiven Truppenaufmarsch an ihren Westgrenzen zu verschleiern. Diese Westgrenzen müssten zudem faktisch die Westgrenzen von Weißrussland und der Ukraine sein und es müsste sicher sein, dass die Polen keinen effektiven Widerstand leisten werden oder können.

5. Sie müssen davon überzeugt sein, dass die Chinesen ihnen nicht in den Rücken fallen. Das ist der entscheidende Knackpunkt.
6. Optimal wäre es, wenn Westeuropa durch eine massive Wirtschaftskrise geschwächt ist. Und wenn man zuvor viele Sympathisanten und Agenten gewinnen oder einschleusen konnte bzw. die kommunistischen Parteien in Westeuropa wieder großen Einfluss haben. Optimal wären Bürgerkriege in der EU.

Sind alle diese Voraussetzungen gegeben, dann braucht es noch einen rücksichtslosen und energischen Führer der russischen Machtelite, um alles auf diese eine erfolgversprechende Karte zu setzen:
Wir erobern Europa, halten ein paar Jahre in unserem Bunker aus und besitzen dann, wenn sich unser vergrößertes Reich wieder erholt, die Weltmacht, während die Amerikaner nach ihrer Erholung höchstens noch den Status einer mittleren Macht haben. Die Alternative beim Stillhalten wäre ja doch nur ein zunehmendes Versinken Russlands in die zweite Reihe mit letztendlichen Macht- und Territorialverlusten an die Chinesen.

Für mich sieht daher die aktuelle Weltlage so aus:

Ich kann mir vorstellen, dass Putin den Ukrainekrieg derzeit künstlich in die Länge zieht, um Folgendes zu erreichen:

1. Durch die in den Augen des russischen Volkes sehr aggressiven Sanktionen des Westens versammelt er sein Volk hinter sich und hetzt es gegen den Westen auf. Dadurch wird es bereit für einen großen Krieg.
2. Er festigt sein Bündnis mit China (*in seinen Augen*) so massiv, dass er keine Angst mehr vor China haben muss und all seine Truppen aus dem Osten nach Westen verlegen kann.
3. Er stellt sich dem Westen gegenüber als militärisch relativ unfähig dar und verhindert so stärkere Vorbereitungen auf einen Angriff.
4. Er schickt Flüchtlingsströme nach Westen, unter denen sich auch seine Agenten befinden und die die Sozialsysteme belasten.
5. Er kann durch die vorgegebene Unfähigkeit seines Militärs, die

Ukraine zu überwältigen, immer mehr Truppen an die Westgrenze verlagern.

6. Die hysterischen Sanktionen des Westens und Putins Gas-Verknappungsstrategien zerstören die Wirtschaft der EU. Natürlich leidet auch die russische Wirtschaft. Daher kann er mit dem Losschlagen nicht zu lange warten. Aber es kann ihm egal sein, wie stark seine Wirtschaft leidet, wenn er einen Angriff auf Europa plant. Denn wenn er einen großen Krieg provoziert, leidet seine Wirtschaft sowieso viel mehr.

7. Man darf nicht vergessen, dass Europa auf nur wenige Hilfe durch die USA rechnen kann, wenn China eine Drohkulisse im Pazifikraum aufbaut (*z. B. Truppenmassierung gegen Taiwan*) und die USA ihr Militär braucht, um dagegen zu halten. Dann werden sie die Hauptlast einer Verteidigung den Europäern überlassen müssen, selbst wenn es letztlich gar nicht zum Krieg USA mit China kommt. Insofern steht unsere Hilfe durch den großen Bruder auf ganz schön wackligen Füssen.

8. Und sowas ist jetzt gar nicht mehr so unvorstellbar. Putin müsste also losschlagen, bevor die Europäer richtig aufrüsten können, weil er letztlich vor allem sie gegen sich hat.

9. Putin müsste, kurz bevor er losschlagen kann, die Ukraine richtig erobern und dann Frieden schließen. Da er sehr schnell nach Westen vorstoßen muss, kann es sich nicht durch die Ukraine aufhalten lassen. Irgendwie müsste er auch Polen auf seine Seite ziehen. Das sehe ich aber noch nicht.

Sie sehen aber, ein dritter Weltkrieg ist gar nicht mehr weit weg.

ZUSAMMENFASSUNG DER VORAUSSETZUNGEN ZU EINEM ÜBERFALL RUSSLANDS AUF WESTEUROPA

1. Massive Wirtschaftskrise in der EU mit Bürgerkriegen.

2. Massiver russischer Aufmarsch bekannt an den Westgrenzen Weißrusslands und der Ukraine, aber durch ein geschicktes Manöver als nicht oder nicht mehr bedrohlich vom Westen akzeptiert.

3. Massive konventionelle Überlegenheit Russlands über die in Europa stationierten NATO-Truppen und Ablenkung der USA durch bedrohliches Verhalten Chinas.
4. Russland hat einen energischen Führer, der im Hintergrund die Fäden in der Hand hält.
5. Es gibt in Russland eine der Führungsspitze treu ergebene, bestens ausgerüstete und recht große Polizeitruppe, die in festen Bunkern den Krieg aussitzen wird.
6. Es besteht ein geheimes Stillhalte-Abkommen mit China.
7. Es besteht eventuell ein geheimes Abkommen mit Polen, das den Durchzug erlaubt.

Da Sie Punkt 4 bis 5 nur schwer und Punkt 6 bis 7 sicher nicht in Erfahrung bringen können, genügen die Punkte 1 bis 3, um die akute Kriegsgefahr zu signalisieren, egal was Ihnen die Medien oder die Politik gerade erzählt.

WIE WIRD DIE INVASION ERFOLGEN?

Ein flächendeckender Einsatz von Atomwaffen in Westeuropa bringt den Invasoren nur Nachteile, denn sie zerstören damit die Grundlagen für ihre Erholungsphase nach der Eroberung Westeuropas. Wenn man konventionell ein Land überrennen kann, bringt es einem mehr, wenn man seine Ressourcen schont. Außerdem können die Russen einen atomaren Schlag gegen ihr Land durch die USA erst mal dadurch verhindern, dass sie anfangs keine Atomwaffen einsetzen. Wie gesagt, hat die USA kein Interesse an einem atomaren Krieg und wird die Europäer erst mal nur konventionell und nicht gerade massiv unterstützen. Sinn ergäbe vielleicht der Einsatz von Neutronenbomben, die die zu erbeutenden Ressourcen schonen und nur die Menschen töten, sowie der Einsatz von kleinflächigen, taktischen Atomsprengköpfen zum Ausschalten von Raketenstellungen, Flugplätzen usw. Der Einsatz von Neutronenbomben gegen Städte bringt den Invasoren keine Vorteile. Massen von Flüchtlingen und Chaos nützen ihnen mehr, da sie die Verteidiger stärker behindern als die Angreifer. Einzig Großbritannien, das die Invasoren nicht einfach besetzen können, wäre durch großflächig wirkende, zahlreiche Atomsprengköpfe auf seine Städte auszuschalten, was ich aber, zumindest in der Anfangsphase, auch nicht glaube. Eben, um keinen atomaren Krieg mit den USA zu provozieren. Für das übrige Westeuropa gilt: so rasch und massiv wie möglich konventionell überrollen und dann endgültig und möglichst intakt besetzen. Dann kann das besetzte Europa in der Erholungsphase das von den USA zerstörte Russland ersetzen.

Das heißt also, dass die Invasoren in Westeuropa nur gegen militärische Ziele lokal begrenzte Atomwaffen einsetzen werden, solange ihr Vormarsch zügig vorangeht. Erst als Erstschlag gegen Raketenstellungen, Radar, Kommunikationszentren und Flughäfen. Dann im Verlauf des Vormarsches gegen hartnäckige Massierungen der Verteidiger. Während des Vormarsches werden sich die Invasoren nicht damit aufhalten können, abgelegene, wenig zugängliche „Pampagebiete" zu durchsuchen oder zu durchqueren.

Dies wäre die Aufgabe später nachfolgender Streitkräfte, die aber nicht mehr zum Einsatz kommen werden. Denn wenn die Invasoren am Rhein gestoppt werden, droht es zu einer atomaren Eskalation zu kommen.

Und da geschieht den Prophezeiungen nach etwas, was den Krieg schlagartig beendet:

Die dreitägige Finsternis tritt ein, die viel gefährlicher ist als der Krieg.

Kapitel 2
WAS ERWARTET UNS?

Den Prophezeiungen nach müssen wir uns auf folgende Gefahren einrichten:

Eine massive Wirtschaftskrise mit Bürgerkriegsunruhen in ganz Europa, bei denen in vielen Staaten die Linken an die Macht kommen.

Eine extreme Hitzewelle in Europa oder gar weltweit kurz vor Kriegsbeginn, begleitet von einer enormen Lebensmittelteuerung und Wassermangel in ganz Europa. (Möglicherweise eine Ursache der Bürgerkriege.)

Einen plötzlichen Überfall Russlands auf Westeuropa, also den 3. Weltkrieg. Betroffen sind alle europäischen Länder von Norwegen bis Italien, die östlich des Rheins liegen. Frankreich ist indirekt durch einen furchtbaren Bürgerkrieg mitbeteiligt. Die Schweiz ist weitgehend sicher.

Im Verlauf dieses Krieges erfolgt der gelbe Strich, wenn die Invasoren den Rhein erreichen. Dies ist eine flächendeckende Vergiftung durch die NATO, die von Prag hinauf bis an die Ostsee verläuft und zwischen 100 km und 200 km breit ist. Wohl eine Abwehrmaßnahme gegen die russischen Nachschublinien über Land und die Ostseehäfen.

Wenige Wochen nach Kriegsausbruch erfolgt ein „Erdriss“, vielleicht ein Vulkanausbruch oder Meteoreinschlag im Bereich der deutsch-tschechischen Grenze oder ein ähnlich verheerendes Naturereignis. Dieses Ereignis betrifft aber nur 200 Kilometer Umkreis um Prag. Es ist kein Supervulkan oder Riesenmeteor.

Eine Finsternis von 3 Tagen, zumindest in Mitteleuropa, beendet den Krieg abrupt. Sie wird von gewaltigen Erbeben, riesigen Tsunamis und einem Feuerregen begleitet. In jedem Fall ist sie den Aussagen der Propheten nach das Ereignis, das die meisten Opfer fordern wird.

Die Zeit nach den Ereignissen 1-6, die für etliche Monate, allerdings den Prophetien nach nicht für Jahre, durch Nahrungs- und Wassermangel und Gesetzlosigkeit geprägt ist.

Dies ist allerdings nicht nur eine Prophezeiung, sondern auch die logische Folge für die Zeit direkt nach einem dritten Weltkrieg.

DIE MASSIVE WIRTSCHAFTSKRISE VOR UND WÄHREND DER BÜRGERKRIEGE IN EUROPA UND DIE HITZEWELLE

Die Basisratschläge für eine solche Krise sind:

1. Versuchen Sie möglichst viele Schulden loszuwerden und keine neuen zu machen. Gehen Sie zur Schuldnerberatungsstelle.

2. Minimieren Sie Ihre laufenden Kosten in der kommenden Krise: Kaufen Sie jetzt alles, was jahrelang haltbar ist und was Sie brauchen werden, wie Kleidung, Schuhe usw.
   Verzichten Sie dafür lieber auf Verzichtbares, wie Ferienreisen usw.
   Kündigen Sie unnötige Verträge, z. B. statt Handyvertrag Prepaid.
   Schaffen Sie sich Einrichtungen an, die laufende Kosten sparen, wie Photovoltaik oder Wärmetauscher etc.
   Vermindern Sie Ihre Abhängigkeit von Öl und Gas durch Kauf eines Holzofens, Wärmeisolation ihrer Wohnung u. ä.

3. Versuchen Sie mit aller Energie eine Arbeitsstelle zu bekommen oder sich besser zu qualifizieren, denn Hartz IV wird in der Krise nicht mehr bezahlt werden. Auch wenn Ihre Arbeitsstelle nur befristet ist, so ist es doch viel schwerer, erst in der vollen Krise damit anzufangen, als jetzt.

4. Alle Geldanlagen sind suspekt. Sorgen Sie aber für eine Rücklage von mindestens 7.000 rasch verfügbaren Euro. Sollte es zu einem totalen Währungscrash kommen, dann sind die besten Zahlungsmittel Zigaretten, Medikamente und edle Alkoholika. Auf Sucht kann man sich immer verlassen und Schnaps verdirbt nicht. Aber keiner darf etwas von Ihren Vorräten wissen! Auch kleine Goldmünzen oder Minibarren sind sehr nützlich.

5. Was immer krisensicher ist, sind handwerkliche Fertigkeiten *(Nähen, Stricken, Sachen reparieren etc.)* und ein kleiner Gemüsegarten in der Nähe Ihrer Wohnung *(damit man es Ihnen nicht plündert)*. Versuchen Sie sich irgendeine nützliche Fertigkeit

anzueignen, z. B. über die Volkshochschule *(Kräuterkunde, Elektrosachen reparieren etc.).*

6. Legen Sie sich einen Wassertank zu von 300 l pro Person Ihres Haushaltes, um im Notfall Trinkwasser speichern zu können. Ein Vorrat von Lebensmittelkonserven für 6 Monate, den sie langsam aufbrauchen und immer wieder ergänzen, solange er noch nicht wirklich benötigt wird. Dazu einen Vorrat an Vitamintabletten als Ersatz für Obst und Gemüse, wenn das nicht mehr zu haben sein sollte. Halten Sie alles geheim vor Ihren Nachbarn.

DIE BÜRGERKRIEGSZUSTÄNDE VOR DEM KRIEG

Auf diese Bedrohung zu reagieren ist meiner Ansicht nach am schwersten. Zwar sollen die Unruhen in Deutschland nicht so schlimm sein wie in Italien und Frankreich, aber man muss auch hier mit plündernden und mordenden Banden rechnen. Es wird zwar nicht so schlimm wie nach dem kommenden Krieg werden, aber die Schutzfunktion der Polizei wird eingeschränkt sein, auch in den sicheren Gebieten. Am meisten bedroht sind Städte und hier die Regionen mit multikultureller Bevölkerung oder solche, wo es soziale Spannungen gibt. In den meisten Regionen wird es zwar relativ sicher bleiben und den meisten wird nichts passieren, aber man weiß in solchen Zeiten halt nie, wo Kriminelle zuschlagen. Wenn Sie wohlhabend sind, sind Sie besonders bedroht. Ziehen Sie also in dieser Zeit besser in ein kleines Häuschen auf dem Land und versuchen Sie dabei keinen Reichtum zu zeigen. Am besten zeigen Sie sich schon jetzt durchschnittlich bemittelt und vor allem, egal wie reich Sie sind, halten Sie engen Kontakt mit den Nachbarn.

Sobald sich die Unruhen abzeichnen, sorgen Sie für feste Türen und Fenster, besorgen sich Abwehrmittel *(Pfefferspray, Armbrust usw.),* Schutzmittel *(viel Stacheldraht und Balken und Riegel, um damit Fenster und Türen zu sichern)* und Täuschungsmittel *(z. B. eine Polizeisirene, Hundegebell-Tonband usw.).* Das alles immer mit Ihren Nachbarn zusammen. Sehr zu empfehlen, wenn möglich, ist das Halten von mindestens zwei treuen, tapferen und großen Hunden, die sie verteidigen können. Weiterhin empfehlenswert ist es, einen Raum Ihrer Wohnung als besonders festen Zufluchtsraum abzusichern, in den Sie sich vor Einbrechern zurückziehen können, bis vielleicht doch die

Polizei kommt. Wenn Sie sich schon jetzt einem Schützen- oder Jagdverein anschließen, können Sie auch legal in den Besitz von Schusswaffen kommen und üben, wie man sie benutzt. Letztlich kann ich Ihnen hier aber nichts raten, was Ihnen verlässliche Sicherheit gibt. Das Wichtigste ist der enge Kontakt mit der Nachbarschaft und wohl auch das unauffällige Verhalten. Wenn Sie Vorräte an Wasser und Lebensmitteln haben, dann tun Sie so, als würden Sie auch hungern und dürsten.

DER KRIEG

Am einfachsten von diesen 7 Bedrohungen können Sie auf den Krieg reagieren. Sie müssen nur nach den Angaben in diesem Buch Ihren Alarmplan aufstellen und konsequent danach handeln, d. h. sich beim Eintreten Ihrer persönlichen ALARMSTUFE 3 in die relativ sicheren Gebiete begeben. Der russische Angriff erfolgt sehr rasch mit dem Ziel, so schnell als möglich bis zum Atlantik durchzustoßen, und daher werden bestimmte Gebiete in Deutschland und Österreich erst einmal ausgespart. Sie sollen später besetzt werden, wozu es dann aber nicht mehr kommt. Diese „ausgesparten" Gebiete werden nicht vom Krieg direkt betroffen, allerdings wird auch in ihnen „Not und Elend" herrschen, d. h. Mangel an allem und zum Teil ungesetzliche Zustände mit Plünderungen, Bandenwesen usw. Doch sind in diesen Gebieten Ihre Überlebenschancen trotzdem sehr gut.

Für alle zu spät Reagierenden siehe Kapitel 19.

DER GELBE STRICH

Der tödlichen Gefahr durch die abgeregnete C-Waffe, die eine ca. 100 km breite Schneise von Prag bis zur Ostsee verseuchen soll, dürften Sie eigentlich nicht mehr ausgesetzt sein. Die betroffenen Gebiete sind bereits Tage vorher vom Krieg überrollt worden und Sie sollten dort nicht mehr sein. In jedem Fall gibt es in der betroffenen Zone kein Überleben. Dem GELBEN STRICH entgehen Sie einfach dadurch, indem Sie sich beim Eintreten Ihrer persönlichen ALARMSTUFE 3 in die relativ sicheren Gebiete zurückziehen.

Für diejenigen, die zu spät reagieren, gebe ich in diesem Buch an, welche Gebiete den Prophezeiungen nach vom Gelben Strich betroffen sein sollen. (Kapitel 19)

DER „ERDRISS“

Hier gilt das Gleiche, wie es oben für den GELBEN STRICH gesagt wurde. Für zu spät Reagierende habe ich in diesem Buch die Ausdehnung der tödlichen Zone gemäß den Prophezeiungen angegeben. (Kapitel 19)

DIE DREITÄGIGE FINSTERNIS

Der dreitägigen Finsternis, wenn sie denn eintritt, können Sie nicht ausweichen, denn sie betrifft wohl auch alle, vor den anderen Gefahren sicheren Gebiete. In jedem Fall sagen alle Prophezeiungen zu diesem Phänomen, dass der Aufenthalt im Freien tödlich ist und man Schutz nur in einem abgeschlossenen Gebäude oder Ähnlichem findet. Ob das Tragen von Gasmasken und Ganzkörper-Overalls, bzw. ABC-Schutzanzügen mit Atemgerät vor den Auswirkungen der Finsternis schützt, weiß ich nicht. Ebenso wenig, ob Zelte als Schutz ausreichen. Sie brauchen aber keinen Bunker oder besonderen Schutzraum. Es genügt ein normales Gebäude, das möglichst erdbebensicher ist und mit Läden sicherbare Fenster und feste, gut verriegelbare Türen hat. Das Problem ist, dass es während der Finsternis zu schweren Erdbeben kommen soll. Normalerweise sollte man bei einem Erdbeben innerhalb von 8 Sekunden das Haus verlassen. Doch während der Finsternis wäre dies der sichere Tod. Sie sollten also bei einem Erdbeben während des Krieges genau wissen, ob gerade die dreitägige Finsternis draußen herrscht, besonders wenn es Nacht ist. Ist dies der Fall, müssen Sie im Haus bleiben und hoffen, dass es nicht einstürzt. Denn dann sind Sie erledigt, auch wenn Sie nicht von den Trümmern erschlagen werden, weil der Schutz des Hauses vor der Finsternis wegfällt. Zur Beruhigung lässt sich sagen, dass die Erdbeben, zumindest in den Gebieten, die nicht schon sowieso Erdbebengebiete sind, wohl nicht so stark sein werden, dass sie zu häufigen Hauseinstürzen führen. Wäre dies der Fall, hätten die Propheten, die die Finsternis verkündeten, darüber sicher etwas ausgesagt, anstatt pauschal den Menschen zu raten, trotz Erdbeben in den Häusern zu bleiben.

DIE ZEIT NACH DER FINSTERNIS, DIE KRIEGS-AUSLAUFZEIT

Am schwierigsten wird es aber sein, sich in den Monaten nach der dreitägigen Finsternis, die ja auch den Krieg bis auf Restkämpfe beendet, zu behaupten. Das Bevorraten von Wasser, Nahrung und Medikamenten ist noch relativ einfach. *(Es sollte in Metallgefäßen erfolgen.)*

Doch wie schützt man sich vor marodierenden Banden?

Da auch in den sichersten Gebieten die öffentliche Ordnung spätestens nach der Finsternis zusammenbrechen dürfte, haben Sie dieses Problem für einige Monate überall. Suchen Sie Ihren Unterschlupf daher in einer Gegend, die nur mühsam zu Fuß zu erreichen und abgelegen ist von größeren Ansiedlungen oder bekannten Einrichtungen. Die Marodeure werden in der Zeit nach dem Krieg wohl kaum Fahrzeuge zur Verfügung haben, Seilbahnen u. ä. funktionieren nicht. Marodeure wollen keine langen anstrengenden Fußmärsche machen, außer sie wissen ganz sicher, dass diese zu einem lohnenden Ziel führen. Daher sollten Sie Ihre Bevorratungen niemandem mitteilen und sie von verschiedenen Orten besorgen.

Machen Sie kein Aufhebens von Ihrem Rückzugsort in der Nachbarschaft dieses Ortes. Und wählen Sie eine Zuflucht, die man zu Fuß nur mit großer körperlicher Anstrengung erreicht. Mit dem Auto können Sie sie ruhig leicht erreichen. Ansonsten haben Sie hier eine ähnliche Situation, wie zur Zeit der Bürgerkriege. *(Sehen Sie dort nach den Ratschlägen.)* Aber es ist viel schlimmer: Totaler Mangel an allem, Gesetzlosigkeit und völliges nur auf sich selbst und seine Mitbewohner angewiesen sein. Sie haben keine Versorgung durch Stadt oder Staat, keine Läden, keine Ärzte und keine Polizei für einige Monate. Niemand kommt und hilft Ihnen. Was Sie jetzt nicht haben, werden Sie kaum noch bekommen können. Aber Ihre Überlebenschancen sind ab jetzt trotzdem gut, wenn Sie Vorräte angelegt haben und an einem schwer zugänglichen Ort leben. Oder sie leben in einem Ort in einer Gemeinschaft, die gemeinsame Vorräte hat. Bleiben Sie verborgen, unauffällig und schwer erreichbar.

Kapitel 3
WAS NÜTZT IHNEN DIESES BUCH?

Zuerst beantworten Sie sich bitte selbst folgende Frage:

Glauben Sie an Prophetie und Zukunftsschau?

NEIN:

Dieses Buch kann Ihnen nichts nützen. Lesen Sie es nicht weiter.

WEISS NICHT:

Weiß nicht, gibts nicht. Wenn Sie kein klares Nein zur Prophetie haben, dann glauben Sie tief in Ihrem Inneren daran und gehören somit zu denen, die JA sagen.

JA:

Ob es Prophetie gibt, weiß keiner. Es ist leider eine reine Glaubensfrage.

Dieses Buch soll die Menschen, die an Prophetien glauben, rechtzeitig vor dem 3. Weltkrieg alarmieren und Ihnen zeigen, wie sie in ein relativ sicheres Gebiet fliehen und sich dort für einige Monate einrichten können. Dabei wird das Risiko minimiert, dass diese Flucht zu früh oder zu spät erfolgt. Das Buch empfiehlt nur diese einzige Reaktion auf den bevorstehenden Krieg. Alle anderen Reaktionen, wie Bunker oder Verstecke in betroffenen Gebieten oder das Abwarten und Fliehen bei Kriegsausbruch, sind zu unsicher und daher nicht akzeptabel. Befinden Sie sich in einem relativ sicheren Gebiet, dann müssen Sie sich noch vor dem möglichen Eintreten der dreitägigen Finsternis und den sie begleitenden Naturereignissen schützen, sowie vor Nahrungs- und Wassermangel und den Zuständen nach dem Zusammenbruch der Ordnung und Wirtschaft in ganz Europa. Auch dazu gibt Ihnen dieses Buch Anweisungen.

WIE WIRD DIESER ZWECK ERREICHT?

Wenn Sie an Prophetie glauben, dann würden Sie sicher gern ein Vorzeichen des 3. Weltkrieges kennen, das Sie sicher, eindeutig und rechtzeitig vor dessen Beginn warnt. Ein einziges solches Vorzeichen würde völlig genügen. Das Problem ist aber nun, dass es ein solches ideales Vorzeichen nicht gibt. Viele Vorzeichen sind nicht eindeutig zu fassen, sondern schwammig und allgemein. Andere haben keinen eindeutigen zeitlichen Bezug zum Ausbruch des Krieges, sondern können irgendwann mal davor eintreten. Und wiederum andere treten immer mal wieder ein oder sind sowieso zu erwarten. Daher sind sie nicht eindeutig mit dem Eintreten des Krieges verbunden. Kein einziges Vorzeichen ist zudem mit Sicherheit prophetisch, selbst wenn es eindeutig, einmalig und zeitlich klar an den Kriegsausbruch gekoppelt ist. Daher kann es keine absolut zuverlässige Vorhersage des Kriegsausbruchs geben.

In diesem Buch wurden die Vorhersagen zahlreicher Propheten mit einer speziellen Methode so ausgewertet, dass sich daraus komplexe Vorzeichen (sogenannte ALARMSIRENEN) ergeben, die mit höchstmöglicher Wahrscheinlichkeit den Ausbruch des 3. Weltkrieges rechtzeitig und so zeitnah wie möglich und nötig ankündigen, während das Risiko, auf einen falschen Alarm hereinzufallen, minimiert wird.

Damit nähern wir uns mit diesen ALARMSIRENEN den Eigenschaften eines idealen Vorzeichens so weit an, wie es nur geht.

WIE GEHT ES NUN WEITER?

Interessiert Sie die Methode zur Konstruktion der Alarmsirenen und die Methode zur Bewertung ihrer prophetischen Relevanz, dann lesen Sie weiter im THEORETISCHEN TEIL ab Kapitel 4.

Interessiert Sie nur der fertige Alarmplan, d. h. wie Sie sich rechtzeitig und ohne großes Risiko vor den kommenden Gefahren in Sicherheit bringen können, dann lesen Sie weiter im PRAKTISCHEN TEIL ab Kapitel 10.

Interessieren Sie eingehende Hintergründe und Details zu Propheten und Prophezeiungen des 3. Weltkriegs, dann empfehle ich Ihnen das ausgezeichnete Buch von Stephan Berndt: *Prophezeiungen – Alte Nachrichten in Neuer Zeit* (siehe Literaturverzeichnis).

THEORETISCHER TEIL

Diesen Teil müssen Sie nicht lesen

Kapitel 4
THEORETISCHER HINTERGRUND

Was ist der Idealfall zur Warnung vor dem Krieg?

Man hat ein einziges Vorzeichen, das einen sicher, eindeutig und rechtzeitig vor dem Kriegsausbruch warnt.

Dazu muss es folgende Eigenschaften haben:

1. Es ist klar erkennbar und einfach. Man kann nichts in es hineininterpretieren und es ist nicht vage und schwammig. Es ist also eindeutig.
2. Es wird nur vor dem Kriegsausbruch auftreten und nicht vor anderen Ereignissen auch. Es darf also nur einmal eintreten, nicht wiederholt oder gar regelmäßig.
3. Es tritt wenige Monate oder kürzer vor dem Kriegsausbruch auf und nicht lange vorher, so dass man sogleich auf es reagieren kann. Oder es hat eine klar definierte Zeit von seinem Auftreten bis zum Kriegsbeginn, so dass man weiß, wie viel Zeit man noch hat.
4. Es ist **mit Sicherheit** prophetisch, d. h. wenn es auftritt, wird auch bald der Krieg beginnen.

1. bis 3. sind die Eigenschaften einer zuverlässigen Alarmsirene

1. Unzweideutigkeit und Unverwechselbarkeit des Signals
2. eindeutige Koppelung an das Alarmereignis
3. zeitlich enge Bindung an das Alarmereignis.

Deshalb nenne ich Vorzeichen mit diesen Eigenschaften Alarmsirenen oder kurz Sirenen.

4. wäre dann deren gesicherte Funktionstüchtigkeit.

Ein einziges solches Vorzeichen würde völlig genügen. Das Problem ist aber nun, dass es ein solches Vorzeichen **nicht** gibt.

Wie kann man sich also dem Idealfall möglichst dicht annähern?

Diese Fragestellung anders formuliert: Wie kann ich erkennen, ob eine Alarmsirene, d. h. ein Vorzeichen mit den Eigenschaften 1-3 auch wirklich funktionstüchtig ist?

Das kann man leider erst im Nachhinein. Daher können wir nur fragen:

Wie erkenne ich, ob eine Sirene eine höhere Wahrscheinlichkeit hat, prophetisch zu sein, als eine beliebige andere?

1. MÖGLICHKEIT: DER GLAUBE AN EINEN SEHER

Hier steht Ihr Glaube an eine Person im Vordergrund.

Sie vertrauen einem Propheten, dass er wirklich in die Zukunft sehen kann. Wenn Sie fest an ihn glauben, und er verkündet ein Vorzeichen, dann müssen Sie konsequenterweise auch glauben, dass es prophetisch ist. Ich allerdings traue weder mir noch einem anderen zu, sicher beurteilen zu können, ob ein Prophet glaubwürdig ist oder nicht. Man weiß doch nie mit Sicherheit, ob einem Propheten seine inzwischen eingetroffenen „Prophezeiungen" nicht in Wahrheit erst nachher untergeschoben wurden. Ganze Propheten wurden auch einfach erfunden. Andere haben Vorgängern abgekupfert, bewusst oder unbewusst. Viele wurden auch so „verinterpretiert", dass man die originale Prophezeiung gar nicht mehr richtig kennt.

Alois Irlmaier ist der einzige Prophet, dessen prophetische Gabe seriös genug belegt ist, dass Sie sich überlegen können, ob Ihnen das ausreicht, um an alle seine Voraussagen zu glauben oder nicht.

Umfassende Informationen zu Irlmaiers Glaubwürdigkeit finden Sie hier: *Alois Irlmaier – ein Mann sagt, was er sieht* von Stephan Berndt, Reichel Verlag, ISBN 978-3-941435-01-8

Sie müssen aber gar nicht an die Autorität Irlmaiers oder eines anderen Propheten glauben, denn:

2. MÖGLICHKEIT: EIGENSCHAFTEN VON VORZEICHEN, DIE DEREN WAHRSCHEINLICHKEIT ERHÖHEN, PROPHETISCH ZU SEIN

Wenn wir uns also nicht auf die erwiesene prophetische Gabe eines Propheten berufen können, dann bleibt uns nur der Weg, die Vorzeichen selbst zu betrachten.

Gibt es Eigenschaften, die ein Vorzeichen haben muss, damit es mit höherer Wahrscheinlichkeit als prophetisch angesehen werden kann als ein anderes, das diese Eigenschaften nicht hat?

DIESE EIGENSCHAFTEN gibt es und so sehen sie aus:

TYP 1: DAS VERSTÄRKTE VORZEICHEN

Ein Prophet verkündet zu einem Ereignis mehrere konkrete Vorzeichen. Diese Vorzeichen müssen alle eintreten. Tritt eines davon nicht ein, sind alle irrelevant. Hierbei muss aber sicher sein, dass alle diese Vorzeichen auch vom selben Propheten stammen. Mindestens eines der Vorzeichen muss alle Alarmsirenen-Eigenschaften haben. Dieses Vorzeichen wird dann durch das Auftreten der anderen Vorzeichen in seiner prophetischen Wahrscheinlichkeit gesteigert. Und zwar umso mehr, je mehr Vorzeichen es sind. Die anderen Vorzeichen dienen nur diesem Zweck und müssen selbst keine erhöhte prophetische Wahrscheinlichkeit haben. Jedes von ihnen muss aber folgende Eigenschaften aufweisen:

1. Es muss klar erkennbar und einfach sein. Man kann nichts in es hineininterpretieren.
2. Es muss dem Kriegsbeginn zugeordnet sein und muss eine sehr geringe Wahrscheinlichkeit haben aufzutreten.
3. Sein Eintreten muss unabhängig sein vom Eintreten eines anderen Vorzeichens dieses Propheten. Sonst ist es kein eigenes Vorzeichen.
4. Das Auftreten zweier Vorzeichen dieses Propheten darf nicht auf die gleichen Ursachen, Umstände zurückzuführen sein. (außer den Kriegsbeginn). Sonst gilt nur eines davon.

Das Eintreten des Vorzeichens mit den Alarmsirenen-Eigenschaften ist dann das eigentliche Warnsignal des ganzen Komplexes, auf das es ankommt. Den Komplex nenne ich daher ebenfalls Alarmsirene.

TYP 2: DAS WIEDERKEHRENDE VORZEICHEN

Ein Prophet verkündet zu mehreren Ereignissen, die nacheinander eintreten, dasselbe Vorzeichen mit Alarmsirenen-Eigenschaften, das weiterhin folgende Eigenschaften hat:

1. Es trat ein vor allen Ereignissen für die es verkündet wurde und die inzwischen eingetreten sind.
2. Es trat bisher sonst nie ein.
3. Es wurde nachweislich vor den inzwischen eingetretenen Ereignissen verkündet.

Nur wenn alle diese Eigenschaften zutreffen, ist das Vorzeichen relevant.

TYP 3: DAS MEHR-PROPHETEN VORZEICHEN

Mehrere Propheten geben das gleiche Vorzeichen mit Alarmsirenen-Eigenschaften an. Allerdings können die voneinander „abgeschrieben" haben. Nur wenn man das sicher ausschließen kann, ist das Vorzeichen relevant.

TYP 4: DAS WUNDERZEICHEN

Ein Prophet gibt ein Vorzeichen mit Alarmsirenen-Eigenschaften an, das so unwahrscheinlich und umfassend oder wundersam ist, dass es für sich allein schon etwas Herausragendes und Einzigartiges darstellt, z. B. „auf der ganzen Welt wird sich der Himmel tagelang rot färben." Natürlich kann so etwas eine reine Wahnvorstellung sein. Aber wenn es wirklich eintritt, dann hat es eine enorme Aussagekraft.

Ich habe nun aus allen mir bekannten Vorzeichen zum 3. Weltkrieg diejenigen aussortiert und in einem ALARMPOOL zusammengefasst, die alle drei Eigenschaften einer Alarmsirene besitzen und zudem mindestens einem der Typen 1-4 angehören. Manche Vorzeichen können auch mehr als einem Typ zugeordnet werden. Ich nenne alle diese

Vorzeichenkomplexe Alarmsirene, weil ein jeder deren Eigenschaften hat.

Man könnte nun sagen, ich löse meinen persönlichen Alarm aus, wenn eine der Sirenen im Pool losheult. Ich persönlich würde das bei einigen von ihnen auch tun. Doch die meisten der Poolsirenen haben für mich noch eine zu hohe Wahrscheinlichkeit, dass sie nicht prophetisch sind und dass ich daher auf einen Fehlalarm hereinfalle, wenn ich reagiere, sobald eine davon losheult.

Es gibt aber eine Möglichkeit, die Wahrscheinlichkeit weiter zu minimieren, auf einen Fehlalarm hereinzufallen.

3. MÖGLICHKEIT: DIE POOLSIRENEN-HÄUFUNG DICHT VOR DEM EREIGNIS

Betrachten wir die Sirenen in unserem Pool. Wenn es Prophetie gibt, dann werden sich mit hoher Wahrscheinlichkeit einige wirklich prophetische, also „funktionstüchtige“ darunter befinden und wahrscheinlich auch einige, die nicht prophetisch, also nicht „funktionstüchtig“ sind.

Was unterscheidet nun die funktionierenden von den nicht funktionierenden Sirenen?

Die funktionierenden werden kurz vor dem Krieg losheulen. Und auch nur dann. Die nicht funktionierenden werden entweder gar nicht oder wenn, dann irgendwann losheulen. Da sie aber eine sehr geringe Losheul-Wahrscheinlichkeit haben, werden sie nur sehr selten losheulen. Nehmen wir also irgendeinen Zeitraum von, sagen wir einmal, einem Jahr und sehen nach, wie viele unserer Poolsirenen in diesem Zeitraum losheulen. Es wird vielleicht eine sein. Mit sehr geringer Wahrscheinlichkeit werden es zwei sein. Am wahrscheinlichsten sogar gar keine. Wenn nun aber innerhalb eines Zeitraumes von einem Jahr drei oder vier oder noch mehr unserer Poolsirenen losheulen – was ist dann passiert?

Nun, kurz vor Kriegsbeginn werden **alle** echten Alarmsirenen in unserem Pool losheulen. Wir haben dann eine Häufung von heulenden Sirenen. Eine solche Häufung innerhalb eines Jahres ist äußerst unwahrscheinlich, wenn alle Poolsirenen nicht prophetisch sind. Das wäre nur zu erwarten, wenn mehrere von ihnen auf die gleichen Ursachen zurückzuführen wären. Das jedoch habe ich ausgeschlossen.

Tritt eine Häufung von eintretenden Vorzeichen aus dem Pool auf, dann ist die Wahrscheinlichkeit, dass diese prophetisch sind, nochmals erhöht.

Diese „Sirenen-Klumpung“ ist also unser Warnsignal und nicht mehr eine einzelne Sirene.

Dazu noch eine weitere Überlegung:

Die Wahrscheinlichkeit, dass mehrere Poolsirenen in einem Jahr zugleich losheulen, wenn sie nicht prophetisch sind, ist nicht größer als die, dass Sie heute beim Treppensteigen stolpern und sich den Hals brechen oder ausrutschen und sich dabei den Schädel einschlagen. Solch geringe Wahrscheinlichkeiten jeden Tag ernsthaft in Erwägung zu ziehen, würde Ihnen sicher nicht im Traum einfallen. Und das ist auch richtig so. Dann sollten Sie aber auch die Poolsirenen-Klumpung genauso behandeln, d. h. Sie sollten konsequenterweise eine nichtprophetische Klumpung ebenso wenig in Erwägung ziehen, wie sie es jeden Tag mit obigen Unfällen halten. Und das bedeutet, eine Poolsirenen-Klumpung muss für Sie prophetisch sein. Kurzum! Seien Sie einfach konsequent.

Den Grad Ihrer Konsequenz können Sie mit Hilfe der ALARMPUNKTE festlegen.

ALARMPUNKTVERGABE

Die prophetische Wahrscheinlichkeit der Sirenen in unserem Pool ist nun nicht gleich. Eine Sirene, die aus 4 Vorzeichen besteht, die alle zusammen eintreten müssen, damit sie losheult, hat eine höhere Wahrscheinlichkeit, prophetisch zu sein, als eine, die nur aus 2 Vorzeichen besteht. Deshalb bewerte ich die Sirenen mit Alarmpunkten.

Alarmpunkte gibt es für den Typ einer Sirene. Alle Typen sind gleichwertig:

1 Punkt gibt es pro Typ, dem eine Sirene angehört.

1 Punkt pro Zusatz-Vorzeichen bei TYP 1 (d. h. ab dem 3. Vorzeichen), das nicht die gleiche Ursache hat wie ein anderes in dem

Komplex oder das selbst die Ursache anderer Vorzeichen im Komplex sein kann.

½ **Punkt** falls die Sirene kein Vorzeichen enthält, das den Aussagen des Propheten nach definitiv dicht am Kriegsbeginn liegt. Ich habe sie aber doch in den Pool mit hineingenommen, weil sie eine erhöhte prophetische Wahrscheinlichkeit haben und eher dicht am Kriegsbeginn liegen.[1]

DIE PROBLEMATIK DER ALARMSIRENENAUSWAHL

Hier ein Beispiel für eine Alarmsirene. Diese „Vorhersage“ habe ich mir aus den Fingern gesaugt:

ALARMSIRENE x

1. Im Vogelsberg, einem erloschenen Vulkangebiet in Hessen, wird ein Vulkan ausbrechen und seine Aschewolken in die Umgebung blasen. Kurz danach wird der Osten den Westen überfallen.
2. Wenn der Dom zu Köln einstürzt, wird der 3. Krieg beginnen.

ALARM-BEWERTUNG:

Typ 1 mit 2 Vorzeichen = 1 Alarmpunkt

WERT DER SIRENE: 1 ALARMPUNKT

ZEITPUNKT DES KRIEGSBEGINNS:

Wenn der Dom zu Köln einstürzt.

Jedes Vorzeichen erfüllt die drei Bedingungen einer guten Alarmsirene und zusammen haben sie eine scheinbar erhöhte prophetische Wahrscheinlichkeit, wenn sie eintreten, obwohl sie gar keine prophetische Aussagekraft haben. Man kann tausende solcher komplexen Alarmsirenen konstruieren. Hat man einen Pool von vielen solcher Pseudosirenen, dann können schon mal einige wenige davon zusammen losheulen, einfach weil es so viele sind. Deshalb ist es wichtig,

---

[1] In Kapitel 6 können Sie sehen, wie ich die einzelnen Alarmsirenen bewertet habe.

In Kapitel 11 können Sie mit Hilfe der Alarmpunkte Ihre persönliche Alarmstufe 3 festlegen.

dass man den Alarmsirenen-Pool klein hält. Mein Pool enthält nur 16 Sirenen. Wenn darin auch nur drei zusammen losheulen, ist das bereits fast ein Fünftel aller Sirenen im Pool. Also durchaus ernst zu nehmen. Außerdem muss man bei der Aufnahme von Sirenen in den Pool darauf achten, dass jede einzelne sehr unwahrscheinlich ist. Nur so kann man sicherstellen, dass mehrere falsche Sirenen nur mit äußerst geringer Wahrscheinlichkeit einmal gemeinsam losheulen.

Dasselbe gilt für die einzelnen Vorzeichen innerhalb einer komplexen Alarmsirene, die ja dann alle zu einem einzigen Propheten gehören.

Wie kann man aber nun sicherstellen, dass man überhaupt prophetische Sirenen im Pool hat?

Nun, das geht eigentlich gar nicht. Ich habe versucht, die Vorhersagen von Personen zu nehmen, die bereits einen Ruf als Prophet haben. Dabei ist die Wahrscheinlichkeit, dass unter vielen falschen Aussagen auch einige prophetische sind, höher, als wenn ich Passanten auf der Straße gefragt hätte. Es kann sein, dass nie eine der Alarmsirenen hier losheulen wird, weil alle falsch sind. Dann gibt es aber auch keine Prophetien über den kommenden Krieg und somit auch gar keine Prophetie. Denn wenn es Prophetie gibt, dann muss es für ein Ereignis wie den dritten Weltkrieg auch prophetische Aussagen geben. Und dann sind diese auch unter den vielen Aussagen allbekannter Propheten zu finden. Und da ich diese durchsucht habe, sind mindestens einige davon auch in meinem Pool.

Wenn also einst so viele Alarmsirenen zusammen losheulen, dass Ihre Alarmstufe-3-Punktzahl erreicht wird, dann müssen Sie handeln, wenn Sie an Prophetie glauben.

HINZUFÜGEN EIGENER SIRENEN ZUM POOL

Sie können auch eigene Alarmsirenen erstellen, wenn Sie den in diesem Kapitel dargelegten Grundsätzen folgen. Ebenso können Sie diese dann mit Alarmpunkten bewerten und zum Pool hier hinzufügen. Aber bedenken Sie, dass es besser ist, nicht zu viele Sirenen zu haben.

DER NACHTEIL DER ALARMSIRENEN

Mit den Poolsirenen und Ihrer persönlichen Alarmstufe 3 haben Sie nun das Mittel in der Hand, rechtzeitig und mit minimiertem Risiko einer Fehlentscheidung vor dem Ausbruch des dritten Weltkrieges in eines der sicheren Gebiete zu fliehen. Der Krieg wird dann den Propheten nach ab dem kommenden (bzw. gerade bestehenden) Juli jederzeit beginnen können. Diese kurze Vorwarnzeit ist zugleich auch der Nachteil der Alarmsirenen. Es bleibt Ihnen für Vorbereitungen maximal ein halbes Jahr, eher aber sehr viel weniger, wenn Ihre ALARMSTUFE 3 eintritt. Sie sollten also alle Vorbereitungen dann bereits abgeschlossen haben.

DIE WARNVORZEICHEN

Deshalb gebe ich Ihnen als weiteres Warnsystem, neben den Alarmsirenen, das System der WARNVORZEICHEN an die Hand.

Warnvorzeichen sind Vorzeichen, die nur zwei der drei Eigenschaften einer guten Alarmsirene aufweisen:

1. Unzweideutigkeit und Unverwechselbarkeit des Signals
2. Eindeutige Koppelung an das Alarmereignis

Sie haben aber keine definierte zeitliche Korrelation zum Kriegsbeginn, d. h. der Kriegsbeginn kann nach ihrem Auftreten noch etliche Jahre auf sich warten lassen. Daher sind die Warnvorzeichen, selbst wenn sie sich häufen sollten, nicht geeignet als Alarmsignal für so einschneidende Handlungen, wie es eine Flucht in eines der sicheren Gebiete ist.

Dafür sind nur die Alarmsirenen da.

Die erhöhte prophetische Wahrscheinlichkeit von Warnvorzeichen hat dieselben Kriterien (Typ 1-4), wie oben für die Alarmsirenen dargestellt. Man kann sie daher ebenso mit Alarmpunkten bewerten, die ich zur Unterscheidung aber Warnpunkte nenne.

Warnvorzeichen sind dazu geeignet, das Signal für Vorbereitungen zu geben, da sie weiter weg vom Kriegsbeginn eintreten, als die Alarmsirenen. Handlungen, die Ihnen keine solchen Risiken abverlangen, wie alles stehen und liegen zu lassen und in „die Fremde“ umzuziehen. Selbst wenn kein einziges prophetisches Vorzeichen unter den

Warnvorzeichen sein sollte, werden sie deshalb keine großen Nachteile erleiden, wenn Sie sie als Auslöser für diese Handlungen nehmen.

Kapitel 5
DIE WARNVORZEICHEN UND IHRE BEWERTUNG

Die Warnvorzeichen dienen der Festlegung, wann für Sie AS 1 und AS 2 eintritt. Für AS 3 sind nur die Alarmsirenen maßgeblich.

Ich habe jetzt für mich persönlich AS 2 ausgerufen und führe deren Maßnahmen aus. Natürlich auch noch die von AS 1 weiterhin. Die Alarmsirenen (AS) behalte ich im Auge für AS 3, die aber derzeit noch nicht besteht.

Wie bei den Alarmsirenen gibt es auch bei den Warnvorzeichen solche mit erhöhter prophetischer Wahrscheinlichkeit. Diese gehören folgenden Typen an und werden von mir folgendermaßen bewertet:

TYP 1: MULTIPLE WARNVORZEICHEN

Ein Prophet verkündet mehrere Warnvorzeichen.

Der Eintritt des ersten zählt **1 Warnpunkt.**

Der Eintritt des zweiten zählt **2 Warnpunkte.** (Summe 1+2 = 3)

Der Eintritt des dritten zählt **3 Warnpunkte.** (Summe 1+2+3 = 6)

Man muss nicht, wie bei den Alarmsirenen, darauf warten, dass alle Warnvorzeichen eines Propheten eintreten. Wenn eines neu eintritt, berechnet man einfach dessen Wert nach obigem Schema und bildet wie gezeigt die Summe aller Warnpunkte für diesen Propheten.

W 1: IRLMAIER

- Hohe Inflation (über 8 %) in der EU.
- Eine große Anzahl Ausländer kommt nach Bayern, viel mehr als in den letzten Jahren. (eingetreten)

W 2: KNOPP

- Sobald eine Brücke über den Rhein bei Köln zu bauen begonnen wird.

Dies könnte aber auch eine Pontonbrücke sein im Rahmen des Kriegsbeginns.

- Baubeginn einer Straße durch den Erpeler Wald nördlich von Linz.

W 3: WALDVIERTLER

- Bau eines Atommülllagers in der „Wild" nordöstlich des niederösterreichischen Truppenübungsplatzes Allensteig.
- Ein massiver Meteoritenregen im Waldviertel in Österreich.
- Die Zerstörung Manhattans durch einen atomaren Anschlag.

*

TYP 2: MEHR-PROPHETEN-WARNVORZEICHEN

Mehrere Propheten geben das gleiche Warnvorzeichen an. Es muss sicher sein, dass sie nicht voneinander abgeschrieben haben.

Dann zählt es 1 Warnpunkt pro Prophet.

W 4: ÜBERLIEFERUNG AUS DEM BÖHMISCHEN / SIBYLLA WEIS

Ein kurzer Fasching, wie er schon lange Zeit nicht war, so dass man auch noch danach in der Fastenzeit lärmende Lustbarkeiten abhält.

Also ein Fasching, der zu kurz ist oder aus irgendeinem Grund unterbrochen wird und daher noch über den Aschermittwoch hinaus verlängert wird, bzw. der Aschermittwoch wird verschoben.

WARNPUNKTE: 2 (eingetreten)

W 5: WALDVIERTLER/DAME AUS VALDRES

Millionen Menschen aus Ost- und Südosteuropa, bzw. aus „armen Ländern“, fluten in kurzer Zeit nach Westeuropa.

WARNPUNKTE: 1 (eingetreten)

W6: AUS DEM BÖHMISCHEN / GARABANDAL / WALDVIERTLER

Schneefall im Sommer in Mitteleuropa

WARNPUNKTE: 3

W 7: VAN RENSBURG / SEHER AUS HESSEN / VERONIKA LUEKEN / JOE BRANDT

Ein Erdbeben von noch nie dagewesener Stärke, bei dem Teile von Kalifornien im Meer versinken und auch Japan wird von einem solchen Beben mit massiven Tsunamis betroffen werden. Beide Megabeben müssen eintreffen. Eines alleine zählt nicht.

WARNPUNKTE: 4 (Japan eingetreten)

W 8: NOSTRADAMUS / SPALATINUS / LUEKEN / BRAHAN SEER / GARABANDAL / IRLMAIER / RILL / MARIE-JULIE JAHENNY / SIBYLLE MICHALDA VON PRAG / PROKOP DER WALDHIRTE / CATHERINE AUS FRANKREICH

Eine extreme Hitzewelle mit europaweiter, möglicherweise auch weltweiter Dürre, wie sie noch nie dagewesen ist.

WARNPUNKTE: 1 (eingetreten)

W 9: BRUDER ADAM / DON BOSCO / MARIE DES BROTTEAUX / IRLMAIER / LA SALETTE / LUEKEN / MARIE MESMIN / NOSTRADAMUS / PFARRER VON BADEN / ROCCO / SRI BABAJI / WALDVIERTLER

Bürgerkriege in der EU, vor allem in Italien und Frankreich. Also richtige blutige, massive und landesweite Straßenkämpfe, Plünderungen, Mordbanden, Feuersbrünste etc.

WARNPUNKTE: 12, d. h. auf jeden Fall Alarmstufe 2:

*

TYP 3: AUSSERORDENTLICHE WARNVORZEICHEN

Ein Prophet gibt ein Warnvorzeichen an, das so unwahrscheinlich und umfassend ist, dass es für sich allein schon etwas Herausragendes darstellt, z. B. „auf der ganzen Welt wird sich der Himmel tagelang rot färben."

Ein solches Warnvorzeichen erhält: 3 Warnpunkte:

W 10: ST. COLUMBAN

Eine bisher noch nie dagewesene Meeres-Flutkatastrophe in Irland, sieben Jahre vor Kriegsbeginn.

W 11: STALKING WOLF

Der Himmel färbt sich auf der ganzen Welt rot. Zumindest aber über den gesamten USA. Dies soll 1 Jahr vor der Weltkatastrophe geschehen.

(siehe Alarmsirene 4)

W 12: GARABANDAL / LUEKEN

Das Wunder von Garabandal. (siehe Alarmsirene 6)

W 13: PATER PIO

„Achte auf die Sonne und den Mond und die Sterne am Himmel. Wenn sie unruhig und ruhelos erscheinen und sich seltsam bewegen, weißt du, dass der Tag nicht mehr fern ist. " (siehe Alarmsirene 15)

W 14: LIBYSCHE SIBYLLE

Auf der ganzen Welt werden überall Kinder geboren, die an ihren Schläfen ergraut sind.

*

FOLGENDE WARNVORZEICHEN HABEN KEINE ERHÖHTE PROPHETISCHE WAHRSCHEINLICHKEIT UND ERHALTEN DAHER NUR 1 WARNPUNKT:

W 15: NIEDERBAYERISCHE SAGEN

Eine Bahnlinie wird gebaut, die von Hunderdorf nach Perasdorf über den sogenannten Hochwald führt. (Beide Orte liegen etwa 12 km nordöstlich von Straubing und haben keine Bahnverbindung.)

W 16: THOMAS THE RHYMER

Die „Cows of Gowrie“, zwei im Meer liegende Felsklötze im Firth of Tay nahe der Stadt Invergowrie, liegen völlig auf dem Trockenen oder gelangen irgendwie an Land.

W 17: BRAHAN SEER

Wenn der Fluss Beauly (bei Inverness in Schottland) zum dritten Male austrocknet, sollen sehr schwere Zeiten kommen.

Der Beauly ist bislang schon zweimal ausgetrocknet. Dies deckt sich mit anderen Prophezeiungen über eine große Trockenheit in Europa kurz vor und/oder während des dritten Weltkriegs, bei der viele Flüsse fast austrocknen sollen.

W 18: SAGEN AUS DEUTSCHLAND (Hinterstoder mit dem Stoderthale, Kleine *Orientierungs-Darreichung* von A. N. Gerhofer, Selbstverlag, Linz, Druck von S. Tagwerkers Witwe [um 1891])

Früher war das Stodertal (oberer Talabschnitt des Flusses Steyr in Oberösterreich bei dem Ort Hinterstoder) ein großer See. Wenn das Stodertal wieder zu einem großen See wird, soll etwas global Umfassendes und Schreckliches geschehen.

W 19: DÜSSELDORFER KAPUZINERPATER

Wenn man allgemein die Bärte der Kapuziner trägt. (Auffallend viele Männer in Mitteleuropa tragen Vollbärte.)

W 20: ÜBERLIEFERUNG AUS DEM BÖHMISCHEN

Vor dem Krieg sollen auf dem Berg Blanik (Wallfahrtsberg bei dem Ort Louňovice pod Blaníkem, ca. 55 km südöstlich von Prag) alle Bäume absterben und zwar von oben nach unten. Bald darauf soll eine große Hungersnot (zumindest in Tschechien) dazukommen.

W 21: PFARRER MAASS

Baubeginn der Brücke über das Inntal in das Pitztal hinein.

W 22: ÜBERLIEFERUNGEN AUS DEM BAYERISCHEN WALD

Baubeginn einer Bahnlinie an die Schwarzach.

(Die Schwarzach fließt durch Neunburg vorm Wald, und es gibt derzeit keine Bahnlinie in der Nähe des Flüsschens.)

W 23: ÜBERLIEFERUNGEN AUS DEM BAYERISCHEN WALD

Die Frauen tragen als allgemeine Mode (zumindest in Deutschland) die Haare vorn länger als hinten. Die Überlieferung bezeichnet dies als „Arschlingsköpfe", wohl dem Aussehen nach.

W 24: ÜBERLIEFERUNGEN AUS DEM BAYERISCHEN WALD

Vom Hennenkobel bis zum Rachel gibt es keinen Wald mehr. (Gegend um Zwiesel)

W 25: ÜBERLIEFERUNGEN AUS DEM BAYERISCHEN WALD

Der letzte Einwohner in Rabenstein (bei Zwiesel) mit dem Nachnamen Buchinger stirbt oder zieht weg.

W 26: ÜBERLIEFERUNG AUS DEM ZELLERTAL

Holz wird so teuer wie Zucker. Wenn dem Bauern das Holz lieber ist als die Frucht der Bäume und man die Bäume ohne Gewissen fällt (weil Holz so sehr gefragt ist).

W 27: ÜBERLIEFERUNGEN AUS DEM BÖHMISCHEN

Der letzte Papst wird genauso heißen, wie der erste (Simon, Petrus oder eine Variante davon).

Kapitel 6
DIE ALARMSIRENEN
UND IHRE BEWERTUNG

ALARMSIRENE 1

La Salette / Feldpostbriefe / Irlmaier und andere
Die Papstflucht

*Der Papst flieht aus Rom und dann aus Italien.[2]

Es ist nicht sicher, ob die Papstflucht noch vor Kriegsausbruch erfolgt. Daher habe ich sie bei den anderen Alarmsirenen nur bei Alarmsirene 10 stehen gelassen, weil Frau Lueken sie explizit als vor dem Kriegsausbruch vorhersagt.

ALARM-BEWERTUNG:

Typ 3 = 1 ALARMPUNKT

Typ 4 = 1 ALARMPUNKT

WERT DER ALARMSIRENE: 2 ALARMPUNKTE

ZEITPUNKT DES KRIEGSBEGINNS

Sobald der Papst flieht, am selben Tag noch reagieren.

*

ALARMSIRENE 2

Teresa Musco / Nostradamus / Bruder Adam / Lueken und andere
***Der Beinahekrieg in Mitteleuropa**

Dieser Konflikt zwischen Russland und der NATO wird im östlichen Mittelmeer stattfinden, im Nahen Osten und/oder im ehemaligen Jugoslawien. Flotten beider Parteien werden sich im Mittelmeer feindlich gegenüberstehen. Dieser Beinahekrieg kann sogar schon Kämpfe

[2] Mit * gekennzeichnete Vorzeichen liegen sehr dicht am Kriegsbeginn

zwischen beiden Seiten dort beinhalten, ohne aber zum Weltkrieg zu eskalieren. Der Konflikt ist aber nur eine List Russlands und wird auf dessen Initiative hin mit einer Friedenskonferenz rasch wieder beigelegt. Es ist nicht der Ukrainekrieg allein. Eventuell dessen Eskalation.

ALARM-BEWERTUNG:

Typ 3 = 1 ALARMPUNKT

WERT DER ALARMSIRENE: 1 ALARMPUNKT

ZEITPUNKT DES KRIEGSBEGINNS

Kurz nach der Heimkehr der Truppen in ihre Kasernen. Diese nicht abwarten.

*

ALARMSIRENE 3

Johannes XXIII / A Sister of Queen Brigite Order und andere
***Der Mord auf der Balkankonferenz**

Dies ist die Friedenskonferenz, die den Beinahekrieg in Westeuropa beilegt. Ermordet wird ein hochgestellter Teilnehmer dieser Konferenz. Es wird in allen Medien verkündet werden. Es könnte sich um eine Friedenskonferenz nach der Eroberung der Ukraine durch Russland handeln.

ALARM-BEWERTUNG:

Typ 3 = 1 ALARMPUNKT

WERT DER ALARMSIRENE: 1 ALARMPUNKT

ZEITPUNKT DES KRIEGSBEGINNS

Wenige Stunden nach dem Mord. Also sofort reagieren!

*

Stalking Wolf
Der weltweit rote Himmel

Der ganze Himmel ist tiefrot, ohne Schattierung oder Musterung. Dieses Rot gleicht weder einem Sonnenaufgang noch Sonnenuntergang. Es scheint so, als ob die Erde brennt, wo immer sie vom Horizont berührt wird. Nachts erscheinen die Sterne hellrot. Der Himmel in allen Ländern ist Tag und Nacht rot.

(Möglicherweise bezieht sich dieses Phänomen aber doch nur auf Nordamerika. Es ist unklar, was Stalking Wolf mit *alle Länder* meint.)

ALARM-BEWERTUNG:

Typ 4 = 1 ALARMPUNKT

WERT DER ALARMSIRENE: 1 ALARMPUNKT

ZEITPUNKT DES KRIEGSBEGINNS

Von der Rotfärbung des Himmels an bis zum Kriegsausbruch sollen 4 Jahreszeiten vergehen. Also 1 Jahr Zeit, wenn dieses Vorzeichen eintritt.

SICHERE GEBIETE *(gilt möglicherweise nur für Amerika);* Man soll sich in der Natur versteckt halten und nicht in die Städte gehen. Am besten leben, wie die Indianer früher gelebt haben. Neugier kann tödlich sein, also versteckt und unter sich bleiben.

Nur dieser Prophet gibt eine mehrjährige Dauer der Notzeiten an. Daher gilt diese Aussage wahrscheinlich nur für Amerika.

BESONDERS BEDROHTE GEBIETE

In den Städten wird man sterben.

FLUCHTTIPPS

Es wird in der ganzen Welt eine große Hungersnot geben. Wasser wird ungenießbar und das genießbare wird immer knapper werden. Getreide wird nicht mehr wachsen, Haustiere werden sterben und

Krankheiten unter den Menschen grassieren. Umherziehende Banden werden andere Menschen umbringen, um sie zu essen. Das Land, das Wasser und die Luft wird vergiftet sein. Überleben wird nur, wer wie die Trapper und Indianer von einst in der Wildnis überleben kann.

*

ALARMSIRENE 5

***A. Der Beinahekrieg in Mitteleuropa**

Die Soldaten (wahrscheinlich die von der Nationalität der Propheten, d. h. heute: der NATO) werden an die Grenzen geschickt. Bald darauf kehren sie aber beruhigt wieder heim. Kaum sind sie zu Hause, so ist der Feind in überwältigender Masse ganz plötzlich da. Nach Bauer Jasper soll dies zur Zeit der Kirschblüte sein. (siehe AS 2)

B. Das Super-Frühjahr vor Kriegsbeginn

Im Kriegsjahr wird das Frühjahr so schön und warm sein, dass im April die Kühe schon im vollen Gras gehen. Das Korn wird man noch einscheuern, aber nicht mehr den Hafer.

ALARM-BEWERTUNG: A und B müssen im gleichen Jahr eingetreten sein.

A: hier nicht bewertet, da eigenständig schon bewertet.

TYP 1 = 1 ALARMPUNKT

WERT DER ALARMSIRENE: 1 ALARMPUNKT

ZEITPUNKT DES KRIEGSBEGINNS

Sobald der drohende Krieg in Mitteleuropa abgewendet ist, in jedem Fall noch vor der Heimkehr der Truppen in ihre Kasernen reagieren.

BESONDERS BEDROHTE GEBIETE

Eine bedeutende Schlacht wird zwischen Unna und Hamm geliefert werden. Bei Köln wird die letzte Schlacht stattfinden.

FLUCHTTIPPS

Die Schlacht, der Sieg, die Flucht werden so schnell aufeinanderfolgen, dass der, welcher sich nur auf kurze Zeit verstecken kann, der Gefahr entrinnt.

*

ALARMSIRENE 6

Garabandal, Conchita

A. Das Wunder von Garabandal

Vor der großen Katastrophe, die über die Menschheit kommt, wird Gott ein großes Wunder in Garabandal wirken. Als Reinigung vor dem Wunder wird auf der ganzen Welt eine schreckliche Warnung erfolgen.

Vorher wird der Bischof von Santander von Gott einen persönlichen Beweis zur Echtheit der Erscheinungen von Garabandal erhalten und Garabandal den Priestern wieder freigeben.

Kein Mensch, ganz gleich, wo er sich befindet, wird sich der Warnung entziehen können. Sie wird wie Feuer sein, das nicht verbrennt, aber körperlich und seelisch spürbar sein wird. Jeder wird seine Seele so sehen, wie Gott sie sieht. Vielen Sündern wird ihre Seele in solcher Hässlichkeit gezeigt, dass sie vor Schrecken sterben. Selbst die Ungläubigen werden von Gottesfurcht ergriffen. Die Warnung ist auf der ganzen Welt sichtbar. Sie dauert nur einige Minuten.

Das Wunder erfolgt dann bald nach der Warnung und ist „in Garabandal und auf den umliegenden Höhen zu sehen“. Das große Wunder soll an einem Donnerstag um 20:30 Uhr abends stattfinden. Es soll ungefähr eine Viertelstunde dauern. Der Tag des Wunders wird in etwa mit einem wichtigen, glücklichen Ereignis für die Kirche zusammenfallen. Auch soll das Wunder am Tag eines Heiligen, in dessen Leben die Eucharistie eine besondere Rolle gespielt hat, geschehen.

B. Schneefall im Sommer

Schneefall im Sommer in Spanien im Jahr vor dem Krieg oder im Kriegsjahr.

***C. Papstbesuch in Russland**

Die Botschaft von Garabandal soll sich erfüllen, „wenn der Papst nach Russland fährt". Unklar ist hierbei, ob dann das Wunder geschieht oder ob dann der Krieg ausbricht.

ALARM-BEWERTUNG: A, B, C müssen eingetreten sein.

A: Typ 4 = 1 ALARMPUNKT

Typ 1 mit 3 Vorzeichen = 2 ALARMPUNKTE

WERT DER ALARMSIRENE: 3 ALARMPUNKTE

ZEITPUNKT DES KRIEGSBEGINNS

Reagieren, wenn der Papst nach Russland fährt, falls A2 und A1 schon eingetreten sind. Ist A1 noch nicht eingetreten, dann reagieren, sobald es eintritt.

*

ALARMSIRENE 7

Maaß

***A. Die Pitztalbrücke**

Man wird über das Inntal in das Pitztal hinein eine Brücke bauen. Sie wird aber nicht mehr ganz fertig werden, da beginnt die große Weltkatastrophe.

***B. Die Reschenpass-Bahn**

Über den Reschenpass (von Meran nach Landeck) wird drei Mal versucht, eine Eisenbahn zu bauen, und jedes Mal wird bei Baubeginn der Krieg ausbrechen.

Vor dem Ersten und Zweiten Weltkrieg ist das bereits eingetroffen. Sollte die sogenannte „Scheitel-Flachbahn", ein Eisenbahn-Verbindungs-Projekt Süddeutschland-Mailand, angegangen werden, würde sich die Prophezeiung zum dritten Mal erfüllen.

ALARM-BEWERTUNG: A muss im Bau sein und B eintreten.

B: Typ 2 = 1 ALARMPUNKT

Typ 1, Pitztalbrücke kann Teil des Reschenpass-Projektes sein

= 0 ALARMPUNKTE

WERT DER ALARMSIRENE: 1 ALARMPUNKT

ZEITPUNKT DES KRIEGSBEGINNS

Wenn die Reschenpass-Bahnlinie ernsthaft angegangen wird und gerade die Brücke über den Inn im Bau ist. Dann besteht von Juli bis August die Gefahr des Kriegsausbruches. Beachten Sie weitere heulende Sirenen für Ihre Reaktionszeit.

SICHERE GEBIETE

Mit Tirol wird dabei wegen des Rosenkranzgebetes milder verfahren werden. (Hier ist eher Nordost-Tirol gemeint.)

BESONDERS BEDROHTE GEBIETE

Prutz überflutet, Kauns verbrennt, Zams verödet.

*

ALARMSIRENE 8

Van Rensburg

A. Das Megaerdbeben in Kalifornien und Japan

Es gibt ein fürchterliches Erdbeben, durch das Kalifornien im Meer versinkt. Dasselbe gilt für größere Teile von Japan. (Japan eingetroffen)

***B. Der Mord auf der Balkankonferenz**

Friedensverhandlungen (auf dem Balkan). Bei der Tagung wird eine sehr wichtige Person von zwei anderen ermordet. (siehe AS 3)

ALARM-BEWERTUNG: A und B müssen eingetreten sein.

B: hier nicht bewertet, da eigenständig schon bewertet.

Typ 1 = 1 ALARMPUNKT

WERT DER ALARMSIRENE: 1 ALARMPUNKT

ZEITPUNKT DES KRIEGSBEGINNS

Nach der Ermordung des Hochgestellten haben Sie nur Stunden Zeit.

*

In zeitlicher Aufeinanderfolge:

A. Hohe Inflationsrate in der EU

Diese Inflation muss schon über 8 % liegen.

B. Bürgerkriege in der EU

Bürgerkriegsähnliche Unruhen in Frankreich und Italien, aber auch England und Deutschland. Zuerst wird die Stadt mit dem eisernen Turm (Paris) sich selbst anzünden und Revolte mit der Jugend machen. (Nicht ein paar Krawalle, sondern massive Zerstörungen) von ganz Paris.

Christen-/Katholikenverfolgung (zumindest in Italien).

***C. Krieg im Nahen Osten**

Ein neuer Nahostkrieg flammt plötzlich auf. Große Flottenverbände stehen sich im Mittelmeer feindlich gegenüber. Die Lage ist gespannt.

Wenn sich Flotten der NATO und Russlands im Mittelmeer feindlich gegenüberstehen, dann wird auch die Bundeswehr mobilisiert und somit ein Beinahekrieg in Mitteleuropa drohen.

***D. Der Mord auf der Balkankonferenz**

Friedensverhandlungen auf dem Balkan. Bei der Tagung wird eine sehr wichtige Person ermordet.

Haben Sie sich entschieden, von vornherein an Irlmaiers prophetische Gabe zu glauben, dann gilt:

Sie lösen jetzt ALARMSTUFE 1 aus.

A löst Alarmstufe 2 aus.

B löst Alarmstufe 3 aus, falls Sie schon ein paar Monate vor Kriegsausbruch in eins von Irlmaiers sicheren Gebieten ziehen wollen.

C löst Alarmstufe 3 aus, wenn Sie bis wenige Wochen oder Tage vor dem Kriegsausbruch damit warten wollen.

D löst Alarmstufe 3 aus, wenn Sie riskieren wollen, bis Stunden vor Kriegseintritt mit der Flucht zu warten.

Andernfalls gilt:

ALARM-BEWERTUNG:

A, B, C, D müssen eingetreten sein.

B hier nicht bewertet, da eigenständig schon bewertet.

C hier nicht bewertet, da eigenständig schon bewertet.

D hier nicht bewertet, da eigenständig schon bewertet.

Typ 1 mit 3 Vorzeichen = 2 ALARMPUNKTE

(A und B hängen zusammen)

WERT DER ALARMSIRENE: 2 ALARMPUNKTE

ZEITPUNKT DES KRIEGSBEGINNS

Wenn die Sirene heult, haben Sie nur noch Stunden Zeit.

SICHERE GEBIETE

Über die Donau geht der Feind nicht. Aber nicht in Landau an der Isar und bis 30 km Entfernung davon aufhalten.

Aber da bei uns im Saurüssel, da passiert nichts. Die Gegend, zwischen Inn und Salzach bis zu den Bergen im Süden. Aber nördlich des Chiemsees bleiben.

Untersberg bis zum Wendelstein. Alles auf und südlich dieser Linie bis zu den Hohen Tauern ist sicher.

Der Pfaffenwinkel ist sicher. Das Kerngebiet des Pfaffenwinkels bildet der Landkreis Weilheim-Schongau. Im weiteren Sinne zählt man das gesamte Gebiet zwischen Landsberg am Lech und Starnberg im Norden, Ingenried im Westen, Füssen im Süden und Benediktbeuern im Osten dazu.

Allgäu ist sicher. Besser wählen Sie nur das südliche Allgäu. Dies deckt sich mit den Empfehlungen anderer Propheten.

Lindau am Bodensee ist sicher.

BESONDERS BEDROHTE GEBIETE

Alle Gebiete angrenzend an die Nordsee, die tiefer als 100 m NN sind.

Das Rheintal wird verheert werden, mehr von der Luft her.

Ich sehe oberhalb Regensburg keine Donaubrücke mehr.

Landau an der Isar und Umgebung.

Prag, Aachen, Linz, Salzburg.

Der gelbe Strich von Prag bis an die Ostsee.

FLUCHTTIPPS

In einer eisigkalten Nacht wird Donner ertönen, dann schließt Tür und Fenster, es bleibt 3 Tage finster wie in der tiefsten Nacht. Fenster und Türen gut abdichten und unter gar keinen Umständen öffnen. Fenster mit schwarzem Papier zuhängen. Alle offenen Wasser werden giftig und alle Speisen, außer denen in verschlossenen Metalldosen.

DREITÄGIGE FINSTERNIS TRITT EIN.

*

Lueken

A. Die Warnung

Ein großes Licht erscheint am Himmel, als wenn etwas in der Luft explodiert. Dazu Blitze. Hitze, als ob es brennt. Der Himmel ist sehr weiß, dann blaue und violette Färbungen. Dazu eine Stimme, die jeder in sich hört. Blitze, Feuer und die Stimme sind die letzte Warnung vor der großen Katastrophe.

Dies ist vergleichbar den Aussagen von Garabandal. Auch hier scheint ein weltweites Ereignis gemeint zu sein. Es gibt sicher nicht zwei solche umfassenden Ereignisse. Daher kann man beides als Aussagen zum gleichen Ereignis ansehen. Außerdem ist damit auch klar, dass dieses Ereignis vor dem Krieg stattfinden muss und nicht erst später vor der dreitägigen Finsternis.

B. Das Megaerdbeben in Kalifornien und Japan

Supererdbeben in Kalifornien und Japan.

***C. Die Papstflucht**

Wenn in Rom Bürgerkrieg herrscht und der Papst ins Ausland flieht, dann beginnt der Krieg.

ALARM-BEWERTUNG: A, B, C müssen eingetreten sein.

A: Typ 4 = 1 ALARMPUNKT

C: hier nicht bewertet, da eigenständig schon bewertet.

Typ 1 mit 3 Vorzeichen = 2 ALARMPUNKTE

WERT DER ALARMSIRENE: 3 ALARMPUNKTE

ZEITPUNKT DES KRIEGSBEGINNS

Wenn der Papst flieht, sofort handeln.

BESONDERS BEDROHTE GEBIETE

Verheerende Überflutungen in Dänemark, Holland, Belgien, Norddeutschland und vor allem England. Berlin verödet, Freiburg zur

Hälfte zerstört, Rheingraben ist Zentrum eines großen Erdbebens. Köln heftig umkämpft. Russen in Rottenburg am Neckar.

In Tschechien reißt die Erdkruste und Schwefeldämpfe treten in großem Maße aus. Eifel durch Vulkanismus und Beben verwüstet.

DREITÄGIGE FINSTERNIS TRITT EIN.

*

ALARMSIRENE 11

Waldviertler

A. Bürgerkriege in der EU

Bürgerkrieg in Italien und in der Bundesrepublik, östlich vom Rhein vor Kriegsausbruch. Christen-/Katholikenverfolgung (zumindest in Italien).

B. Der Untergang Manhattans

Die Zerstörung Manhattans durch einen atomaren Anschlag.

C. Funkenregen im Waldviertel

Eine Sonnenfinsternis im Waldviertel am Vormittag. Allerdings soll die Sonne dabei eher von einer Art Nebel im Weltraum verfinstert werden als von einem festen Körper, wie dem Mond. Die Sterne erscheinen in der zunehmenden Dunkelheit und verschwinden dann wieder. Von Osten taucht dann nach einigen Minuten ein Schwarm von Lichtpunkten am Himmel auf, die wie ein Glutregen von Osten nach Westen fliegen und dabei auch auf das Waldviertel niedergehen. Möglicherweise verglühen sie aber auch in der Luft, bevor sie auftreffen. Die Objekte sollen die Größe von maximal Kieselsteinen haben. Sie richten trotz der Dichte des Schwarmes keinen Schaden an. Es geschieht, wenn der Roggen auf den Feldern fast reif ist.

Am wahrscheinlichsten handelt es sich hier um einen Schwarm von Kleinstmeteoriten, die in der Luft verglühen. Sie scheinen während einer unplanmäßigen Sonnenfinsternis aufzutreten, die zumindest im Waldviertel zu beobachten ist.

D. Schneefall im Sommer

Dichter Schneefall im Waldviertel, der zu einer geschlossenen Schneedecke bis zu 10 cm Dicke führt. Also schon deutlich mehr als ein bisschen Schneien. Dies geschieht, nachdem die Getreidefelder abgeerntet wurden und noch bevor die Stoppeln umgepflügt werden.

Wahrscheinlich fällt der Schnee daher im August oder September.

***E. Der Beinahekrieg in Mitteleuropa**

Es wird ein Frieden geschlossen, der Krieg bricht kurz danach aber von neuem aus.

Dies bezieht sich auf einen drohenden Krieg in Mitteleuropa, der durch einen Friedensschluss scheinbar beigelegt wird, dann aber richtig losgeht. Eben der 3. Weltkrieg.

F. Die neue Masseneinwanderung aus dem Osten

Millionen Menschen aus Ost- und Südosteuropa fluten in kurzer Zeit nach Westeuropa. (Also mehr als je zuvor) (eingetroffen)

ALARM-BEWERTUNG:

A, B, C, D, E, F müssen eingetreten sein.

A: hier nicht bewertet, da eigenständig schon bewertet.

E: Hier nicht bewertet, da eigenständig schon bewertet.

Typ 1 mit 6 Vorzeichen = 5 ALARMPUNKTE

WERT DER ALARMSIRENE 5 ALARMPUNKTE

ZEITPUNKT DES KRIEGSBEGINNS

Kurz nach der Heimkehr der Truppen in ihre Kasernen. Diese nicht abwarten.

BESONDERS BEDROHTE GEBIETE

Eine Atombombe wird von den Russen in die Nordsee geworfen und ruft verheerende Überflutungen in Dänemark, Holland, Belgien, Norddeutschland und vor allem England hervor. Am schwersten betroffen sind die Städte London, Hamburg und Antwerpen.

In Tschechien reißt die Erdkruste und Schwefeldämpfe treten in großem Maße aus.

Waldviertel/Weinviertel: erst schwere Kämpfe, dann: Zuschüttungen durch das Ereignis in Böhmen. Diese reichen bis 50 km südlich der Grenze.

Drosendorf, Eggenberg, Gmünd, Heidenreichstein, Horn, Krems, Langenlois, Raabs, Retz, Schrems, Stockerau, Weitra, Zwettl zerstört.

Kärnten: Durchzugsgebiet der Russen nach Norditalien.

Wien-Krems-Schrems-Gmünd: Große Panzerschlachten.

FLUCHTTIPPS

Wichtig ist es, einen Bunker unter der Erde zu bauen und ihn mit Filtern gegen Staub und Gas auszurüsten. Auch eine Brunnenwasserleitung im Bunker ist notwendig. Viel besser ist es aber, rechtzeitig in die sicheren Gebiete zu gehen.

DREITÄGIGE FINSTERNIS TRITT EIN.

*

ALARMSIRENE 12

Knopp

***A. Wenn die Brücke zu Köln fertig ist, geht gleich Kriegsvolk darüber.**

Zaunert Rheinland 2, 248 t.; Schell Berg. Sagen 489 Nr. 51

Zu Mondorf (bei Köln) an der Siegmündung wird man eine Brücke über den Rhein bauen. Wenn das erfolgt, gehe man sofort auf die linke Rheinseite. Man hat dann keine Zeit mehr.

Diese Brücke könnte auch eine Pontonbrücke sein, die während der Spannungen vor dem Kriegsausbruch oder sogar kurz nach dem wirklichen Kriegsausbruch errichtet wird. (siehe C)

B. Die Straße durch den Erpeler Wald

Bei Linz (am Rhein) wird eine Straße durch den Erpeler Wald (nördlich von Linz) gebaut, die vor dem Krieg nicht mehr fertig wird.

***C. Der Beinahekrieg in Mitteleuropa**

Zuerst wird man fürchten, dass es einen Krieg gibt. Dann wird es wieder ruhig und jeder wird sorglos sein und nicht mehr an Krieg glauben.

Gemeint ist hier ein drohender Krieg in Mitteleuropa, der beigelegt scheint und dann doch ausbricht.

ALARM-BEWERTUNG:

A, B, C müssen eingetreten sein.

C hier nicht bewertet, da eigenständig schon bewertet.

Typ 1 mit 3 Vorzeichen = 2 ALARMPUNKTE

WERT DER ALARMSIRENE: 2 ALARMPUNKTE

ZEITPUNKT DES KRIEGSBEGINNS

Sobald die Brücke bei Köln kurz vor der Fertigstellung steht, handeln. Besonders dann, wenn gerade eben ein drohender europäischer Krieg beigelegt wurde und man darüber sehr erleichtert ist.

SICHERE GEBIETE

Von Leutesdorf bis Unkel kann man überleben, aber auch hier geht es hart her.

Die Linzer sollten alles verlassen und im Gebüsche wohnen, wenn es losgeht. Es wird hart sein, aber viele werden überleben können.

BESONDERS BEDROHTE GEBIETE

Es wird besonders bei Koblenz hart hergehen.

*

ALARMSIRENE 13

Marie des Brotteaux / La Salette / Marie Mesmin / Nostradamus / Rocco / Sri Babaji

Bürgerkriege in der EU.

Marie of Brotteaux
Paris wird Sodom und Gomorrah gleichen und die Überlebenden werden hauptsächlich in Lyon Zuflucht suchen. Wenn dies geschieht, wird das große Ereignis dicht bevorstehen.

Hier könnte mit Ereignis auch die dreitägige Finsternis gemeint sein, aber da andere Propheten das Niederbrennen von Paris vor dem Krieg vorhersagen, ist hier wohl auch der Kriegsbeginn gemeint.

La Salette, Marie Mesmin, Sri Babaji
Es kommt zu bürgerkriegsähnlichen Zuständen in mehreren Ländern, die wahrscheinlich von linksradikalen Gruppen verursacht werden. Vor allem in Frankreich und Italien.

Nostradamus
Auf Sizilien wird ganz plötzlich eine massive Revolution ausbrechen, die nach irgendwelchen olympischen Spielen Bologna erreichen wird. – Also massive Unruhen in Italien.

Rocco
Frankreich wird in einen auswärtigen Krieg verflochten werden. Sobald dieser zu Ende ist, steht das Volk auf und ermordet den Präsidenten. Dabei entsteht ein entsetzliches Blutbad.

ALARM-BEWERTUNG:

Typ 3, aber ohne Angabe zur zeitlichen Nähe am Kriegsbeginn

= 1/2 ALARMPUNKT

WERT DER ALARMSIRENE: 1/2 ALARMPUNKT

ZEITPUNKT DES KRIEGSBEGINNS

Auch wenn die ALARMPUNKT-Summe, ab der Sie Ihren Alarm auslösen, bereits erreicht ist, reagieren Sie erst, wenn auch eine der Alarmsirenen Nr. 1 bis Nr. 12 eingetreten ist.

Dieses Vorzeichen kann nämlich über ein Jahr vor Kriegsbeginn liegen.

SICHERE GEBIETE

Lyon ist die Zuflucht der Pariser, die vor dem Bürgerkrieg dort fliehen.

BESONDERS BEDROHTE GEBIETE

Prag, Paris, Marseille, Antwerpen, Hamburg und London zerstört.

Genf wird völlig vernichtet.

Köln, Ulm: schwere Kämpfe.

*

ALARMSIRENE 14

Hepidanus / Ilu-Tani / Sajaha / Fatima
Das gewaltige Licht am Himmel.

Hepidanus
„Aber es wird bald ein Tag anbrechen, da wird ein Licht aufgehen um Mitternacht im Norden und heller strahlen wie die Mittagssonne des Südens. Und der Schein der Sonne wird verbleichen vor jenem Lichte. Alsbald aber wird sich eine dunkle Wolke lagern zwischen jenem Licht und der Menschheit, die danach hinblickt. Ein furchtbares Gewitter wird sich aus dieser Wolke bilden. Es wird den dritten Teil der Menschen verzehren, die dann leben werden. Und der dritte Teil aller Saatfelder und Ernten wird zerstört werden. Auch der dritte Teil der Städte und Dörfer.“

Dies bezieht sich zumindest auf Deutschland.

Ilu-Tani / Sajaha / Fatima
Vor der Finsternis soll ein helles Licht bzw. ein Himmelskörper am nördlichen Firmament erscheinen.

Fatima
Wenn die Nacht einst durch ein unbekanntes Licht erhellt wird, wird die Züchtigung der Welt nahe sein.

Das Licht sieht man zumindest in Portugal.

ALARM-BEWERTUNG:

Typ 3, aber ohne Angabe zur zeitlichen Nähe am Kriegsbeginn

= 1/2 ALARMPUNKT

WERT DER ALARMSIRENE: 1/2 ALARMPUNKT

ZEITPUNKT DES KRIEGSBEGINNS

Auch wenn die ALARMPUNKT-Summe, ab der Sie Ihren Alarm auslösen, bereits erreicht ist, reagieren Sie erst, wenn auch eine der Alarmsirenen Nr. 1 bis Nr. 12 eingetreten ist. Dieses Vorzeichen liegt wahrscheinlich dicht am Kriegsbeginn. Allerdings kann es sich auch auf die dreitägige Finsternis beziehen und dann erst nach Kriegsbeginn eintreten.

BESONDERS BEDROHTE GEBIETE

Zwischen Rhein, Elbe und Donau breitet sich ein weites Leichenfeld aus. Also alles ist Todeszone östlich des Rheins und nördlich der Donau.

DREITÄGIGE FINSTERNIS TRITT EIN.

*

ALARMSIRENE 15

Pater Pio

Seltsame Himmelskörper-Bewegungen

„Achte auf die Sonne und den Mond und die Sterne am Himmel. Wenn sie unruhig und ruhelos erscheinen und sich seltsam bewegen, weißt du, dass der Tag nicht mehr fern ist."

ALARM-BEWERTUNG:

Typ 3, aber ohne Angabe zur zeitlichen Nähe am Kriegsbeginn

= 1/2 ALARMPUNKT

WERT DER ALARMSIRENE: 1/2 ALARMPUNKT

ZEITPUNKT DES KRIEGSBEGINNS

Reagieren Sie erst, wenn auch eine der Alarmsirenen Nr. 1 bis Nr. 12 eingetreten ist. Hier ist der zeitliche Bezug zu unsicher.

DREITÄGIGE FINSTERNIS TRITT EIN.

*

ALARMSIRENE 16

Irlmaier / Lueken / Flüchtlingsfrau aus Böhmen / Stieglitz / Korkowski
Krieg im Nahen Osten

Krieg im Nahen Osten bricht aus.

ALARM-BEWERTUNG:

Typ 3, aber ein Nahostkrieg ist zu wahrscheinlich,

daher nur 1/2 ALARMPUNKT

WERT DER ALARMSIRENE: 1/2 ALARMPUNKT

ZEITPUNKT DES KRIEGSBEGINNS

Auch wenn die ALARMPUNKT-Summe, ab der Sie Ihren Alarm auslösen, bereits erreicht ist, reagieren Sie erst, wenn auch eine der Alarmsirenen Nr. 1 bis Nr. 12 eingetreten ist.

*

ALARMSIRENE 17

Nostradamus / Spalatinus / Lueken / Brahan Seer / Garabandal / Irlmaier / Lueken / Rill / Marie-Julie Jahenny / Sibylle Michalda von Prag / Prokop der Waldhirt / Catherine aus Frankreich

Eine Dürre in Mitteleuropa, wie es sie noch nie zuvor gab.

(eingetroffen)

Nostradamus
Am 48. Breitengrad (Mitteleuropa) herrscht riesige Dürre vor oder/und während des Krieges.

Spalatinus
Er berichtete Melanchton vom Versiegen großer und tiefer Brunnen bei Beginn des göttlichen Strafgerichts.

Lueken
Enorme Hitze, die Flüsse führen nur noch wenig Wasser, allgemeiner Wassermangel. Dies bezieht sich auf die Zeit kurz vor und während des Krieges.

Brahan Seer
Wenn der Fluss Beauly zum dritten Male austrocknet, sollen sehr schwere Zeiten kommen.

Garabandal
Enorme Hitze, die Flüsse führen nur noch wenig Wasser, allgemeiner Wassermangel. Vor und/oder während des Krieges.

Irlmaier
Die Flüsse werden trocken, das Gras gelb. Vor und/oder während des Krieges.

Rill
Die Flüsse sind alle so seicht, dass man keine Brücke mehr braucht zum Hinübergehen. Vor und/oder während des Krieges.

Marie-Julie Jahenny
Heißer Südwind geht dem Unheil voraus.

Sibylle Michalda von Prag
Eine große Dürre weltweit mit daraus folgender massiver Teuerung der Lebensmittel vor dem Krieg.

Prokop der Waldhirte
Ich find keinen Stier mehr und kein Wasser. Auf dem Berg ist keins mehr und drunten im (Fluss) Regen auch kein Tropfen mehr. Vor und/oder während des Krieges.

Überlieferung aus dem Böhmischen
Vor dem Krieg sollen auf dem Berg Blanik alle Bäume absterben und zwar von oben nach unten. Bald darauf soll eine große Hungersnot dazukommen.

Catherine aus Frankreich
Das, was mich berührt, ist das Jahr, in dem es hohe Temperaturen geben wird ... Ein gutes Jahr für die Ernte das Jahr davor und ein Frühling, welcher am Anfang des März beginnt, dann ein heftiger Frost, welcher alles zerstört, danach die Hitze und die Trockenheit, die Anfang Mai beginnt. Der Aufstand kommt danach.

Hier hat man das ganze Programm: Superfrühling, Schneefall im Frühsommer, Hitzewelle mit Teuerung und dann die Bürgerkriege in der EU, die laut anderen Sehern vor der Invasion kommen sollen.

ALARM-BEWERTUNG: Typ 3

Aber da es vor der hier gemeinten Super-Dürre beim heutigen Klimawandel vielleicht mehrere Dürren gibt, von denen jede stärker ist als die vorige und deshalb besonders erscheint.

Nur 1/2 ALARMPUNKT

WERT DER ALARMSIRENE: 1/2 ALARMPUNKT

ZEITPUNKT DES KRIEGSBEGINNS

Auch wenn die ALARMPUNKT-Summe, ab der Sie Ihren Alarm auslösen, bereits erreicht ist, reagieren Sie erst, wenn auch eine der Alarmsirenen Nr. 1 bis Nr. 12 eingetreten ist.

Kapitel 7
KRIEGSBEGINN ZU WELCHER JAHRESZEIT?

Bitte beachten Sie, dass den Prophezeiungen nach der Krieg wahrscheinlich im Frühjahr oder Frühsommer erst zu beginnen scheint, dann aber friedlich beigelegt wird. Der wirkliche Krieg beginnt im selben Jahr, direkt nach den erfolgreichen Friedensverhandlungen, wenn alle Welt noch voll Freude darüber ist und nicht mehr an Krieg denken will.

Curique Abbe of Metz / Old Jasper
Ein frühes, warmes, schönes Frühjahr herrscht im Jahr, wenn der Krieg beginnt. Schon im April steht das Gras hoch und üppig auf den Wiesen. Weizen wird noch eingefahren, aber nicht mehr der Roggen.

Beykirch, Autor des Buches Prophetstimmen (1849)
Im Juni wird es Probleme geben, aber noch nicht den wirklichen Krieg (wahrscheinlich bezogen auf Mitteleuropa). Im Juli wird man überall für den Krieg mobilisieren. Im August wird es losgehen. Im September wird ein noch nie dagewesenes Massensterben erfolgen. Zwischen Oktober und Dezember wird man Wunder sehen.

Eilert
Das Korn wird man noch einscheuern, aber nicht mehr den Hafer.

Elsischer Junge
Wenn die Gerste gesät wird, ist es höchste Zeit. Das bedeutet aber, dass dann der Krieg noch nicht beginnt, aber wohl einige Wochen danach.

Irlmaier
Wenn die Blätter sich färben. Entweder ist es Herbst oder Frühling. Er sieht Weiß auf den Bäumen, kann aber nicht sagen ob es Blüten im Frühling sind oder Schnee.

Dies kann sich aber auch auf den Zeitpunkt der dreitägigen Finsternis während des Krieges beziehen. Eine andere Aussage zum Kriegsbeginn von Irlmaier lautet:

Es gibt wieder einen großen Krieg, wenn das Getreide reif ist.

Anton Johansson
Zum Ausbruch des 3. Weltkrieges: Ende Juli oder Anfang August.

Landinger
Korn und Weizen wird eingefahren, der Hafer liegt an vielen Stellen bereit zum Einfahren. Da beginnt der Krieg.

Matthias Stormberger
Wenn das Korn reif ist, wird ein großer Krieg kommen.

Adolf Schwär
Die Ähren standen hoch.

Er meint so etwa Ende Juni.

Seher aus Westfalen (19. Jahrhundert)
Der Roggen wird vor der Schlacht am Birkenbaum noch eingefahren, der Hafer aber nicht mehr ...

„Wenn die Büdericher auf Krautweih (Mariä Himmelfahrt am 15.08.) aus dem Hochamte kommen, steht rund um die Kirche alles voll Soldaten."

AB WELCHEM MONAT MUSS MAN MIT DEM KRIEGSBEGINN RECHNEN?

Berücksichtigt man die Gebiete, aus denen die jeweilige Prophezeiung stammt und auf die sich die Ernteangaben dann wohl auch am wahrscheinlichsten beziehen, ergibt sich ein Zeitraum von Anfang Juli bis Ende August für den möglichen Kriegsbeginn. Zur Sicherheit sollte man aber den September auch noch mit in Betracht ziehen, weil einige Prophezeiungen auch diesen als Kriegsbeginn andeuten.

Das Vorzeichen „Kriegsbeginn zwischen Juli und September" hat also eine erhöhte prophetische Wahrscheinlichkeit vom TYP 3.

Es ist zwar keine Alarmsirene, da es sich nicht auf das Jahr des Kriegsbeginns bezieht, aber es kann in den Fällen, wo eine Alarmsirene zwar dicht vor dem Kriegsbeginn losheult, aber eben nicht genau erkennbar wie dicht, zur näheren zeitlichen Bestimmung für den Beginn energischer Reaktionen benutzt werden. Die von den Propheten vorhergesagte Gefahr, vom Krieg überrascht zu werden, wird in diesem Fall ab Juli einfach zu groß, als dass man noch abwarten sollte, falls Ihre ALARMSTUFE 3 eingetreten ist.

Sollte Ihre ALARMSTUFE 3 im Oktober eintreten, bedeutet das aber nicht automatisch, dass Sie sich bis zum kommenden Juni zurücklegen können und erst dann in eines der sicheren Gebiete „umziehen“.

Es hängt von den heulenden Alarmsirenen ab, wann Sie reagieren müssen.

Genaue Angaben, wann Sie bei Ihrer ALARMSTUFE 3 reagieren müssen, finden Sie im Kapitel 13, bei den jeweiligen Sirenen.

Nur die dortigen Angaben sind maßgebend und berücksichtigen auch das hier Dargelegte.

Kapitel 8
DIE DREITÄGIGE FINSTERNIS

Was ist die dreitägige Finsternis?

Da dieses Ereignis, wenn es eintritt, das gefährlichste überhaupt ist, müssen wir es uns etwas näher betrachten. Über die Ursache zu spekulieren hat keinen Sinn. Ich vermute, dass es sich dabei um eine kosmische Staubwolke handelt, die wegen Störungen im Magnetfeld der Sonne bis in das Innere Sonnensystem vordringt. Doch solche Vermutungen bringen nichts.

Betrachten wir daher die Aussagen der Propheten zu diesem Phänomen und ziehen daraus unsere Schlüsse.

1. Es wird, trotz eines dreitägigen Wegfalls des Sonnenlichtes, keine totale Vereisung der Landschaft vorhergesagt. Das bedeutet entweder, dass diese Finsternis eben nicht weltweit ist oder dass es in der Atmosphäre zu Wärmeentwicklungen kommt, die die Vereisung verhindern, z. B. der vorhergesagte Feuerregen.

2. Wer in einem Haus mit geschlossenen Fenstern und Türen ist, überlebt. Wer auch nur den Fuß vor die Tür setzt, stirbt. Häuser sind nicht luftdicht und nicht staubdicht. Ein Giftstaub in der Luft, der so tödlich ist, dass man rasch stirbt, wenn man das Haus verlässt, würde innerhalb von 3 Tagen auch das Haus durchsetzen und die Bewohner töten. Es kann also nicht Giftstaub die Ursache sein. Generell nichts, was in der Luft giftig ist. Andererseits muss es etwas sein, was durch offene Fenster kommt, aber nicht in ausreichendem Maß im Verlauf von 3 Tagen durch Türspalten. Das hört sich danach an, als wäre die tödliche Ursache nicht etwas „Aufaddierendes“, wie eine Substanz, sondern ein sofortiger Alles-oder-nichts-Effekt.

3. Bäume und Pflanzen scheinen von diesem tödlichen Effekt nicht betroffen zu sein, weil recht bald danach wieder ein normales Leben möglich ist. Auch müssen es die Tiere besser überleben als die Menschen, weil es sonst ja kein Vieh oder sonstige Tiere,

außer denen in Erdhöhlen, danach mehr gäbe. Und davon ist nicht die Rede.

Es wird also sicher nicht jeden erwischen, der draußen ist. Doch müssten Menschen besonders empfindlich dagegen sein oder die Tiere verhalten sich instinktiv richtiger und schützen sich so besser.

4. Von manchen Sehern wird auch prophezeit, dass man auch innerhalb von Häusern seltsame Stimmen hört oder Erscheinungen sieht. Auch sollen vor allem „Gottlose“ und „Übeltäter“ betroffen werden. Nimmt man das wörtlich, dann ließe es sich damit erklären, dass irgendein Einfluss auf das zentrale Nervensystem erfolgt und halluzinogene Effekte und Verwirrtheit hervorruft. Menschen, die keinen inneren Halt haben, können sich weniger wehren, wenn sie mit ihren eigenen Schreckensphantasien konfrontiert werden. So könnten durchaus „böse“ Menschen viel stärker betroffen werden als Menschen mit innerer Stärke.

Ich folgere daraus, dass die Wirkung in einem Effekt auf das Nervensystem besteht, der nicht tödlich ist, sondern zu einer Art geistiger Umnachtung, Verwirrung o. ä. führt. Folge davon wäre in der lebensbedrohlichen Umwelt einer 3-tägigen Totalfinsternis im Freien natürlich eine enorm hohe sekundäre Todesrate durch Unfälle, Erfrierung, Verdursten etc. Tiere wären wegen ihrer Instinkte weniger davon betroffen. Die dafür verantwortliche Strahlung scheint feste Materie nicht tief durchdringen zu können. Jedoch muss sie rasch und schlagartig wirken, wenn man sich im Freien aufhält.

Wir haben also folgende Situation:

Es wird stockfinster, ohne Mond und Sterne. Es wird zwar kalt, aber irgendetwas wirkt der totalen Abkühlung entgegen. Irgendwelche Strahlungen, die von Wänden (nicht von Fensterscheiben) weitgehend blockiert werden, wirken auf das Gehirn der Wesen ein, die ihnen im Freien ausgesetzt sind. Da der Effekt größtenteils auf die Psyche wirkt und menschliche Einbildungskraft braucht, wirkt er auf Tiere sowieso kaum. Man wird ständig mit seinen eigenen übelsten Schreckensvorstellungen konfrontiert, wie bei einem LSD-Horrortrip, und hat im schlimmsten Fall gar keinen Bezug mehr zur Umgebung. Dann kann man kaum 3 Tage im Freien überleben. Durch eine Störung der Gravitation, wie sie z. B. durch eine kosmische Staubwolke im Sonnensystem denkbar ist, kommt es während der Finsternis zu einem vorübergehenden „Schlingern“ der Kreiselbewegung der Erdachse, bis diese sich wieder stabilisiert hat. Es ist nur gering, aber es reicht aus für schwere Erdbeben, Flutwellen und ein seltsames Gefühl der Erdbewohner von „Schwerkraftverwirrung“. Weitere Folge dieses Schlingerns und dessen, was sich in der Erdatmosphäre abspielt, sind schwere Gewitter und Stürme. Hier und da trifft auch Feuerregen auf den Erdboden, doch scheint dessen Wirkung nur gering zu sein. Die Prophezeiungen von einem Sonnenaufgang im Westen unmittelbar nach der Finsternis kann auch daher kommen, dass die Seher in Wahrheit einen Sonnenuntergang sahen und diesen, nach all der Dunkelheit, als Sonnenaufgang fehldeuteten. Es wird nämlich nicht gesagt, dass die Sonne nun immer im Westen aufgeht. Ein Umdrehen der Erdachse, also eine reale Polverschiebung, ist aus den Prophezeiungen nicht zu erkennen und zudem physikalischer Unsinn.

Dem aufmerksamen Leser wird eine Diskrepanz der Aussagen zur Kriegsdauer und zum damit verbundenen Beginn der 3-tägigen Finsternis aufgefallen sein. Viele Seher sagen eine Kriegsdauer von 1 bis 2 Wochen voraus. Wenn nun der Krieg im Juli beginnt und die Finsternis während des Krieges im Oktober eintritt, dann haben wir hier eine Kriegsdauer von wenigstens 2 Monaten.

Dazu kann man Folgendes sagen:

Zum einen ist nicht klar, ob der Krieg im Juli oder Ende August beginnt. Auch kann die Finsternis, wenn sie überhaupt kommt, auch im September stattfinden, wenn der Winter in diesem Jahr früh eintritt. Zeitliche Vorhersagen sind immer sehr ungenau und problematisch.

Zum anderen endet der eigentliche Krieg in vielen Gebieten bereits nach kurzer Zeit, weil dann die Invasoren einfach weiter nach Westen gezogen sind und das weite Land zwar keine militärischen Kampfhandlungen mehr erfährt, aber von Chaos, Zerstörung, Mangel und Ungesetzlichkeit erfüllt ist. Die Invasoren halten dann nur noch einige wichtige Orte. Der Krieg selbst geht am Rhein weiter.

Die Seher sahen somit nur den Zustand in ihrem Lebensraum.

Kapitel 9
SICHERE GEBIETE NACH DEN PROPHETEN

Da Sie in einem dieser Gebiete spätestens bei Alarmstufe 2 Ihre Zuflucht für Alarmstufe 3 vorbereiten müssen, können wir nicht warten, bis der Kriegsausbruch uns zeigt, dass der Seher, der dieses Gebiet empfiehlt, ein wahrer Prophet ist. Nur dann, oder wenn prophezeite Vorzeichen dieser Person eintreffen, können wir erkennen, dass es sich um einen echten Seher handelt. Und nur dann wissen wir genau, dass seine Aussagen über die Sicherheit eines Gebietes auch prophetisch sind. Man kann natürlich auch annehmen, dass ein Prophet, der ein eintretendes Vorzeichen verkündet hat, sich bei dem Gebiet irrt. Aber dass dies gleich bei mehreren Sehern vorkommt, die dasselbe Gebiet empfehlen, ist zu unwahrscheinlich.

Ich führe daher bei allen Gebieten die Vorzeichen auf, von denen mindestens eines eingetreten sein muss, damit man es eindeutig als sicher bezeichnen kann. Aber die meisten dieser Vorzeichen werden eben zu spät eintreten, um sich in dem Gebiet noch vor Kriegsausbruch einrichten zu können. Wenn Sie nicht in allen als sicher prophezeiten Gebieten eine Zuflucht für sich vorbereiten können und dann einfach in das Gebiet ziehen, das sich nach oben Gesagtem als eindeutig sicher herausstellt, brauchen Sie ein anderes Bewertungsverfahren für die erhöhte prophetische Wahrscheinlichkeit einer Gebietsempfehlung.

Dieses besteht darin, dass man schaut, wie viele Propheten dasselbe Gebiet als sicher empfehlen. Propheten, deren Vorhersagen zum Krieg sich mit denen der anderen einigermaßen decken und die nicht voneinander abgeschrieben haben. Auch dann können darunter noch immer falsche Propheten sein.

Daher gebe ich für jeden Propheten,

der das gleiche Gebiet nennt: +1 Relevanzpunkt

der das gleiche Gebiet als unsicher bezeichnet: -1 Relevanzpunkt.

Ich empfehle, Gebiete erst ab 4 Relevanzpunkten als Zufluchtsorte auszuwählen.

Glauben Sie an Irlmaiers Vorhersagen, dann müssen Sie alle folgenden Gebiete ohne weiteres als sicher ansehen.

DIE DONAUGRENZE

RELEVANZPUNKTE: 4

Vorzeichen: Ein eingetroffenes davon genügt zur Bestätigung

- *Alarmsirene 13 (siehe Kapitel 6)*
- *Alarmsirene 14 (siehe Kapitel 6)*

Irlmaier
Über die Donau (nach Süden) geht der Feind nicht.

Aber Landau an der Isar und Umgebung wird durch eine verirrte Feuerzunge vernichtet.

Hepidanus
Zwischen Rhein, Elbe und Donau wird sich ein weites Leichenfeld ausbreiten.

Also alles ist Todeszone östlich des Rheines und nördlich der Donau.

Mühlhiasl
Über die Donau kommen die Feinde nicht.

Andreas Rill (Feldpostbriefe)
„Bis zu Donau und Inn wird alles dem Erdboden gleich gemacht und vernichtet. Von der Isar an wird den Leuten kein Leid mehr geschehen, es wird nur Not und Elend hausen.“

ZUSAMMENFASSUNG

Man sollte seine Zuflucht also auf jeden Fall südlich der Donau suchen und westlich der Isar. Zudem sollte man auch wenigstens 30 Kilometer von der Donau entfernt sein, weil es durchaus entlang des Flusses zu Kampfhandlungen kommen kann. Und halten Sie sich wenigstens 30 km von Landau an der Isar fern.

Beachten Sie die allgemeinen Regeln für die Wahl einer sicheren Zuflucht, denn auch hier wird es zu Gesetzlosigkeit und Mangel an allem kommen. Etwas Besseres finden Sie aber nirgendwo, auch nicht in der Schweiz.

<u>SÜDBAYERN UND SÜDOSTBAYERN</u>

RELEVANZPUNKTE **6**

Vorzeichen: 1 eingetroffenes davon genügt zur Bestätigung

- *Alarmsirene 13 (siehe Kapitel 6)*
- *Alarmsirene 14 (siehe Kapitel 6)*

Irlmaier
„Südostbayern wird beschützt, da breitet die Liebe Frau von Altötting ihren Mantel darüber."

Gegend von Landau/Isar: Verwüstungen durch verirrte „Feuerzunge".

Vom Untersberg bis zum Wendelstein soll es sicher sein.

Josef Albrecht
„Nur im südlichen Bayern schien die Sonne."

Sepp Wudy
„Geh nach Bayern, dort hält die Muttergottes ihren Mantel über die Leut, aber auch dort wird alles drunter und drüber gehen."

Andreas Rill (Feldpostbriefe)
„Beim dritten Geschehn soll Russland in Deutschland einfallen und zwar im Süden bis Chiemgau, und die Berge sollen da Feuer speien, und der Russe soll alles zurücklassen an Kriegsgerät. Bis zu Donau und Inn wird alles dem Erdboden gleichgemacht und vernichtet. Von der Isar an wird den Leuten kein Leid mehr geschehen, und es wird nur Not und Elend hausen."

Jüngling von Prag
„Und das Land der Bayern hat viel zu leiden. Aber bald wird man Gott loben, dass es nicht schlimmer gewesen ist."

Bruder Adam
Bayern wird als Kriegsschauplatz verschont bleiben, aber es wird von gewaltigen Naturkatastrophen heimgesucht werden.

Franz Kugelbeer
Auf dem Pfänder (nordöstlich von Bregenz am Bodensee) sieht Franz Kugelbeer alles schwarz von Flüchtlingen.

ZUSAMMENFASSUNG

Südbayern scheint der empfehlenswerteste Zufluchtsort außer der Schweiz zu sein. Den Propheten nach soll es aber zu einem Rückzug von Invasionstruppen aus Italien über das Inntal nach Salzburg kommen, wobei diese über den Chiemgau ziehen. Wahrscheinlich benutzen sie die Autobahn südlich des Chiemsees nach Salzburg. Dieses Gebiet, d. h Inntal und Chiemgau, muss man meiden. Auch sollte man eine Distanz von 50 km (ca. 2 Tagesmärsche) zu München einhalten, wegen der Gefahr von Plündererbanden von dort her. Denn auch hier gilt, je abgelegener und schwer zugänglicher ihre Zuflucht ist, umso besser. Auch hier wird, wie eigentlich überall, Gesetzlosigkeit herrschen. Da nach Kugelbeer auch die Gegend am östlichen Ende des Bodensees von Flüchtlingen überlaufen ist, sollte man sicherheitshalber auch hier eine Distanz von ca. 50 km einhalten. Vor den von Bruder Adam angekündigten Naturkatastrophen (Erdbeben, 3-tägige Finsternis, Feuerregen usw.) wird überhaupt kein Gebiet sicher sein.

DIE RHEINGRENZE

RELEVANZPUNKTE 8

Vorzeichen: 1 eingetroffenes davon genügt zur Bestätigung

- *Alarmsirene 13 (siehe Kapitel 6)*
- *Alarmsirene 14 (siehe Kapitel 6)*
- *Alarmsirene 12 (siehe Kapitel 6)*

Pater Mattay

„Der Herrscher Russlands, an der Spitze einer großen Armee, wird nur bis zum Rhein kommen, den er aber nicht überschreitet, weil ihn dann eine unsichtbare Hand aufhält."

Bruder Adam
„Die Russen stoßen nahezu ungehindert, blitzschnell bis an den Rhein und die Kanalküste vor. Erst hier können sie vorerst gestoppt werden."

Düsseldorfer Kapuzinerpater
„Wilde Scharen werden Deutschland überschwemmen und bis an den Rhein kommen."

Hepidanus
„Zwischen dem Rhein und der Elbe und dem morgenwärts fließenden Strome Donau wird ein weites Leichenfeld sich ausdehnen, eine Landschaft der Raben und Geier."

Landinger
„Das Tier wollte mit der Zunge den Rhein lecken, konnte ihn aber nicht erreichen."

Bernhard Rembold / Knopp
„Wann man aber bei Mondorf eine Brücke über den Rhein bauen wird. Alsdann wird es ratsam sein, mit den Ersten ans andere Ufer zu gehen."

Stockert
Die russischen Panzer werden bis zum Rhein kommen.

Josef Albrecht
„Der Hauptstoß ging genau in der Mitte durch, etwa von Hof in Richtung Frankfurt, noch über den Rhein, vielleicht noch ein kleines Stück nach Belgien und Frankreich hinein. Dann war die Angriffskraft der Feinde gebrochen."

Dieser Prophet widerspricht der Rheingrenze.

Franz Kugelbeer
„Die Rheinlande werden zerstört, mehr durch Flugzeuge als durch Heere. Die Flugzeuge schwärmen wie die Schwalben und lassen Bomben gleich Regentropfen fallen."

Buch des Marienthaler Klosters
„Die Schrecken des großen Krieges werden nicht mehr in Gallia sein, sondern über dem großen Strom." (Damit ist der Rhein gemeint)

ZUSAMMENFASSUNG

Eine Zuflucht westlich des Rheins ist weniger empfehlenswert, weil man dann immer noch zwischen den Fronten ist. Immerhin droht von Norden ein Tsunami, von Westen marodierende Banden aus Frankreich und von Osten die Luftwaffe der Russen, die sicher versuchen wird, den Übergang über den Rhein zu forcieren, wo sich wahrscheinlich die Hauptkampfzone entwickeln wird. Dazu kommt, dass der Rheingraben ein Erdbebengebiet ist. Die Gebiete westlich des Rheins empfehle ich daher trotz der hohen Relevanz nur als Fluchtziel, wenn man es versäumt hat, rechtzeitig wegzukommen und wenn man nicht weiter als 50 km vom Rhein entfernt lebt, d. h. diesen in wenigen Stunden erreichen kann.

Wenn man seine Zuflucht westlich des Rheins suchen muss, sollte man Folgendes beachten:

1. Unbedingt Abstand halten zum Rheintal selbst, wenigstens 30 km. Dort wird es sehr schwere Kämpfe geben mit vielen Bombenabwürfen, Artillerie-Einschlägen usw. auch auf der westlichen Seite des Rheins.
2. Abstand von wenigstens 30 km von der französischen Grenze halten, wegen der schweren Unruhen dort.
3. Gebiete meiden, die unter 100 Meter über dem Meeresspiegel liegen, wegen der Megatsunamis aus der Nordsee während der 3-tägigen Finsternis.
4. Außerdem beachten Sie die allgemeinen Regeln für die Wahl einer sicheren Zuflucht.

DER SAURÜSSEL

Der Saurüssel ist die Gegend zwischen Inn und Salzach bis zu den Bergen im Süden.

RELEVANZPUNKTE: 1

Um den Saurüssel als sicheres Gebiet zu wählen, müssen Sie an die prophetische Gabe von Alois Irlmaier glauben. Andernfalls ist nur 1 Relevanzpunkt zu wenig, um den Saurüssel zu empfehlen.

Vorzeichen zur Bestätigung:

- Alarmsirene 9 (siehe Alarmpunktitel 06)

Irlmaier
„Aber da bei uns im Saurüssel, da passiert nichts."

ZUSAMMENFASSUNG

Auch im Saurüssel werden Hungersnot und Ungesetzlichkeit herrschen und auch dieses Gebiet wird nicht von der dreitägigen Finsternis verschont, wenn sie eintritt. Sie sollten zudem wenigstens 20 km Distanz zur Fernstraße südlich des Chiemsees halten. Bleiben Sie also im Norden des Chiemsees, weil mehreren Propheten nach feindliche Truppen oder Marodeure aus Italien durch das Inntal Richtung Salzburg ziehen sollen. Und das tun sie am wahrscheinlichsten entlang der Straße im Süden des Chiemsees.

DIE SCHWEIZ

Die Schweiz wird nicht explizit als sicheres Gebiet bezeichnet. Doch gibt es für sie nur Vorhersagen, die nicht direkt mit Krieg zu tun haben.

Berta Zängeler
Zusammenbruch des Währungssystems.

Innere Unruhen, wörtlich: „Wir werden eine Sauerei bekommen."

Christenverfolgung, Kreuzigung von Priestern an die Kirchentüren!

Das Kloster Einsiedeln wird zerstört.

Eine Hungersnot ist die Hauptgeißel für die Schweiz.

Schwere Erdbeben in St. Gallen.

ZUSAMMENFASSUNG

Meiden Sie die italienisch- und französischsprachigen Kantone, da die Unruhen aus Italien und Frankreich auf diese übergreifen können. Daher kann ich auch die italienische Enklave Campione am Luganer See nicht empfehlen, obwohl diese zur EU gehört, auch wenn sie innerhalb der Schweiz liegt. Halten Sie auch zur deutschen und österreichischen Grenze wenigstens 50 km Abstand, falls es an den Grenzen zu Kämpfen kommt. Auch hier ist mit Plünderungen, Gesetzlosigkeiten und Mangel zu rechnen, so dass Ihre Zuflucht auch hier den allgemeinen Regeln für alle sicheren Gebiete folgen sollte. Und vor den Naturkatastrophen der dreitägigen Finsternis sind Sie natürlich nirgendwo sicher. Trotzdem ist die Schweiz natürlich die allererste Wahl für ein sicheres Gebiet. Es gibt hier auch eine deutsche Enklave (Büsingen am Hochrhein).

Wenn Sie auf Grund Ihres Alarmplans aus diesem Buch rechtzeitig als Tourist einreisen, wird man Sie im folgenden Kriegstrubel nicht wieder rauswerfen, da der Krieg so plötzlich und unerwartet eintritt und so rasant verläuft. Wer aber nach Kriegsausbruch in die Schweiz fliehen will, der wird kaum reinkommen und riskieren, an der Grenze erschossen zu werden. Und in Bezug auf Erdbeben gibt es Kantone, die stärker gefährdet sind, als andere:

Diese Kantone sind das Wallis, Basel, St. Gallen und Zürich. Meiden Sie diese.

ÖSTERREICH

Leider gibt es keine Aussagen über sichere Gebiete in Österreich, die eine erhöhte prophetische Relevanz besitzen. Pfarrer Maaß sagt, dass Tirol verschont werden soll. Ansonsten gibt es nur relevante Aussagen über bedrohte Gebiete.

Bleiben Sie auf **keinen Fall** nördlich der Donau, also im Wald- oder Weinviertel. Ansonsten decken sich die bedrohten Gebiete mit den unter 500 m (über NN) liegenden Gebieten Österreichs im Norden, Osten und Süden des Landes. Auch sind alle Gebiete bedroht, die entlang der Autobahnen und Eisenbahnlinien nach Italien und Deutschland liegen, sowie das Inntal mit den daraus laufenden Straßen und die Umgebung von Salzburg.

Den Propheten nach werden die Invasoren sehr rasch und mit aller Macht zum Rhein vorstoßen. Das bedeutet, dass sie weder die Zeit noch genug Kräfte haben, um das ganze Land flächendeckend zu besetzen. Daher kann man davon ausgehen, dass die Gebirgsgebiete Zentral-Österreichs vom Kriegsgeschehen unberührt bleiben. Hier sollte man aber die Fernstraße von Villach nach Salzburg und die

Pyhrnautobahn meiden (wenigstens 15 km Distanz). Zu diesen zentralen Gebieten gehören die hohen und niederen Tauern und die Gegend um Erzhalden.

Generell gesagt, suchen Sie sich für Ihre Zuflucht einen Ort, der nicht an einer guten Straße liegt und möglichst weit weg (wenigstens 30 km) von den Niederungen des Landes (unter 500 m über NN) ist. Man sollte zudem mindestens 30 km Abstand zur italienischen Grenze halten, bzw. sich nicht an Straßen aufhalten, die aus Italien kommen, um Plündererbanden von dort zu meiden.

Besonders erdbebengefährdet und daher zu meiden ist die Linie Salzburg – Klagenfurt und alles 25 km rechts und links davon, die Linie Graz – Melk mit der gleichen Distanz und die Linie Graz – Murau mit der gleichen Distanz rechts und links von dieser Linie.

DER PRAKTISCHE TEIL

Dies ist das eigentliche Buch

Kapitel 10
WIE BENUTZE ICH DIESES BUCH?

BEACHTEN SIE NOCHMALS:

Alles, was Ihnen dieses Buch hier und in den folgenden Kapiteln empfiehlt, hat nur dann eine Bedeutung, wenn es Prophezeiungen wirklich gibt. Beweise dafür aber gibt es nicht. Das ist allein Ihre persönliche Glaubenssache und somit wird jetzt Ihre persönliche Entscheidung fällig, für die ich keinerlei Haftung übernehme.

ENTSCHEIDEN SIE SICH JETZT:

Den Prophezeiungen glauben oder dieses Buch weglegen. Es ist nicht als Bettlektüre gedacht, sondern als bitterernster Alarmplan für die konsequente praktische Anwendung.

Haben Sie sich für die Prophezeiungen entschieden, dann gilt jetzt konsequent für Sie das Folgende:

1. Sie erstellen jetzt Ihren persönlichen Alarmplan.

   Lesen Sie Kapitel 11

   oder

   Sie nehmen stattdessen IRLMAIERS Alarmplan.

   Siehe unten.

2. Ich habe für mich Alarmstufe 2 ausgerufen. Ob Sie das tuen, bleibt Ihnen überlassen. Entscheiden Sie einmal im Monat darüber. Aber mit zunehmender Wirtschaftskrise wird es immer schwerer, die Massnahmen dafür umzusetzen. Und ich sehe im Moment auch nicht prophetisch eine wachsende Kriegsgefahr.

   Alarmstufe 2 beinhaltet auch die fortgesetzte Ausführung der Massnahmen von Alarmstufe 1.

3. Sie überprüfen von nun an einmal im Monat, ob Alarmstufe 1 oder 2 erreicht ist. *(Bei schwierig zu überprüfenden*

Vorzeichen genügt es vorerst einmal im Jahr. Lesen Sie nach bei INFORMATIONSQUELLEN ZU DEN VORZEICHEN.)

4. Sie überprüfen von nun an einmal im Monat, ob Alarmstufe 3 erreicht ist. *(analog zu 2.)*
5. Sobald eine Alarmstufe erreicht ist, schauen Sie in den Alarmplan. Dort ist das Kapitel für jede Stufe angegeben, in dem steht, was Sie jetzt tun sollen.
6. Und dann tun Sie es EINFACH!!!

IRLMAIERS ALARMPLAN – IHR GLAUBE AN IRLMAIER

Für Ihren Alarmplan brauchen Sie von keinem der hier bearbeiteten Seher einen Beleg, dass er bisher zutreffende Vorhersagen gemacht hat. Sie brauchen also nicht an seine prophetischen Fähigkeiten zu glauben. Das ist der Vorteil dieses Buches.

Wenn Sie aber dennoch an einen Propheten glauben wollen, damit Sie dessen Vorhersagen als von vornherein sicher prophetisch ansehen können, dann kann ich Ihnen von allen, die ich kenne, allein ALOIS IRLMAIER empfehlen. Ich selbst habe mich nicht dafür entschieden, ihm blind zu glauben. Sie müssen sich daher selbst ein Bild von seinen prophetischen Qualifikationen machen und für sich entscheiden, ob Sie seinen Vorhersagen glauben wollen, weil er für Sie ganz sicher ein Prophet ist.

Alle dazu notwendigen Informationen finden Sie in dem Buch *Alois Irlmaier – Ein Mann sagt, was er sieht* von Stephan Berndt. (Siehe Literaturverzeichnis)

Ich zeige Ihnen an den entsprechenden Stellen im Folgenden auf, wie Sie reagieren müssen, wenn Sie sich dafür entschieden haben, an Irlmaiers prophetische Gabe zu glauben. Es ist aber nur in einem einzigen Fall wirklich nötig, das zu tun. Nämlich in Kapitel 15, wenn es um das sichere Gebiet „Saurüssel“ geht.

Sollten Sie an Irlmaiers Voraussagen glauben, dann finden Sie seinen Alarmplan unter ALARMSIRENE 9 im Kapitel 13. Lesen Sie dort weiter und ignorieren Sie alle Warnvorzeichen und Alarmsirenen außer ALARMSIRENE 9. Sie brauchen dann keinen eigenen Alarmplan aufzustellen.

Falls Sie aber gar keinen Alarmplan wollen oder nicht rechtzeitig reagiert haben, lesen Sie wenigstens Kapitel 19.

Kapitel 11
AUFSTELLUNG IHRES EIGENEN ALARMPLANS

Ziel dieses Alarmplanes ist Folgendes:

1. Rechtzeitig eine Zuflucht in einem Gebiet auszuwählen und vorzubereiten, das vom Krieg nicht direkt betroffen wird und auch ansonsten möglichst wenig Probleme haben wird. Dies aber auch erst anzugehen, wenn man genug Anzeichen dafür hat, dass es nötig ist.
2. Rechtzeitig alle nötigen Vorsorgemaßnahmen zu treffen, die ein Überleben in dem sicheren Gebiet für die Zeit der Gefahr möglich machen. Dies aber auch erst anzugehen, wenn man genug Anzeichen dafür hat, dass es nötig ist.
3. Rechtzeitig vor Ausbruch des dritten Weltkrieges in diese vorbereitete Zuflucht reisen, und zwar zu einer Zeit, wo dies noch als normale Reise möglich ist. Dies aber andererseits auch möglichst nicht umsonst oder zu früh zu tun, damit man keine Mittel verschwendet oder sich sinnlos in berufliche oder andere Schwierigkeiten stürzt.
4. Sich in der Zuflucht dann noch effektiv vor der Gefahr der dreitägigen Finsternis schützen und erkennen, wann diese eingetreten ist. (Das ist schwieriger, als es sich anhört.)

ZUERST LEGEN SIE JETZT FEST, ZU WELCHEM RISIKOTYP SIE GEHÖREN:

RISIKOTYP A: Ich will auf jeden Fall rechtzeitig reagieren

Sie reagieren lieber einmal auf einen Fehlalarm, gehen dabei aber sicher, keinesfalls zu spät zu reagieren. Dabei riskieren Sie, umsonst Zeit und Geld zu investieren, werden aber im Ernstfall gut vorbereitet sein und nicht zu spät in ein sicheres Gebiet ausweichen. In der Alarmstufe 1 ist ein zu frühes oder umsonst Reagieren nicht so mit Umständen und Verlusten verbunden wie in Alarmstufe 2 oder gar in 3.

RISIKOTYP B: Ich versuche einen Mittelweg zu finden

Sie haben eine minimierte Chance, auf einen Fehlalarm zu reagieren, und eine maximierte Chance, nicht zu spät zu reagieren. Natürlich können Sie immer noch umsonst oder zu spät reagieren, aber beides liegt im Mittelmaß.

RISIKOTYP C: Ich reagiere erst, wenn ich sicher bin

Sie wollen gar nicht auf einen Fehlalarm reagieren, gehen aber ein deutlich erhöhtes Risiko ein, zu spät zu reagieren. Sie werden Ihre Zeit und Ihr Geld nicht umsonst ausgeben, allerdings könnten Sie im Ernstfall schlecht vorbereitet sein oder so spät reagieren, dass Sie kein sicheres Gebiet mehr erreichen.

NUN ERMITTELN SIE ANHAND IHRES RISIKOTYPS, WANN IHRE PERSÖNLICHEN ALARMSTUFEN 1 bis 3 EINTRETEN.

Kreuzen Sie jetzt Ihre Risikostufe in den folgenden Tabellen an. Sie können für jede Alarmstufe einen anderen Risikotyp wählen.

Die Maßnahmen, die sie ergreifen müssen, werden mit jeder Alarmstufe problematischer, wenn der Krieg nicht eintreten sollte, d. h. Fehlalarme machen Ihnen in Alarmstufe 1 wesentlich weniger Probleme als in Alarmstufe 3.

Ich selbst habe für meine Alarmstufe 1 und 2 den Risikotyp A und für meine Alarmstufe 3 Typ B gewählt.

ALARMSTUFE 1		(anhand der Warnvorzeichen, Kapitel 12)
WP-SUMME	TYP	IHRE ALARM-MARKIERUNG
1	A	( )
2	B	( )
3	C	( )
4	***	ALARMSTUFE 1 in jedem Fall

ALARMSTUFE 2		(anhand der Warnvorzeichen, Kapitel 12)
WP-SUMME	TYP	IHRE ALARM-MARKIERUNG
2	***	zu wenig WP, um zu reagieren
3	A	( )
4	B	( )
5	C	( )
6	***	ALARMSTUFE 2 in jedem Fall

ALARMSTUFE 3		(anhand der Alarmsirenen, Kapitel 13)
AP-SUMME	TYP	IHRE ALARM-MARKIERUNG
1	***	zu wenig ALARMPUNKTE zum Reagieren
2	A	( )
3	B	( )
4	C	( )
5	***	ALARMSTUFE 3 in jedem Fall

PERSÖNLICHER ALARMPLAN VON:

AS 1 ab ( ) WP *Kugelschreiber benutzen*
Aktuell ( ) WP *Bleistift benutzen*
Maßnahmen siehe Kapitel 14

AS 2 ab ( ) WP *Kugelschreiber benutzen*
Aktuell ( ) WP *Bleistift benutzen*
Maßnahmen siehe Kapitel 15 und Kapitel 18

AS 3 ab ( ) AP *Kugelschreiber benutzen*
Aktuell ( ) AP *Bleistift benutzen*

Maßnahmen siehe Kapitel 16

Von jetzt an gilt:

1. Jeden Monat mit Kapitel 12 überprüfen, wie viele Warnpunkte (WP) aktuell vorliegen, und hier eintragen. Lesen Sie hierzu auch: *INFORMATIONSQUELLEN ZU DEN VORZEICHEN*
2. Jeden Monat mit Kapitel 13 überprüfen, wie viele Alarmpunkte (AP) aktuell vorliegen, und hier eintragen. (*analog 1.*)
3. Sobald eine Alarmstufe (AS) erreicht ist, im dazu angegebenen Kapitel nachlesen, was jetzt zu tun ist.
4. Beginnen Sie dann sofort energisch und zielstrebig mit diesen Maßnahmen. Denken Sie dann auf keinen Fall mehr darüber nach, ob Sie es tun sollen oder nicht!
5. Wenn Sie sich in Ihrer Zuflucht eingerichtet haben und der Krieg begonnen hat, lesen Sie Kapitel 17 und handeln Sie danach.

Diese Tabelle können Sie frei kopieren und weitergeben.

Kapitel 12
AKTUELLE WARNVORZEICHEN ÜBERPRÜFEN

In Kapitel 5 können Sie die Warnvorzeichen im Detail nachlesen.

WP bedeutet Warnpunkte.

W 1: IRLMAIER

Hohe Inflation in der EU (über 8 %)

Eine große Anzahl Ausländer kommt nach Bayern, viel mehr als in den letzten Jahren

(x) 1 WP ( ) Beide Vorzeichen = 3 WP

W 2: KNOPP

Eine Brücke wird bei Köln über den Rhein gebaut

Eine Straße wird in Linz am Rhein durch den Erpeler Wald gebaut

( ) Ein Vorzeichen = 1 WP ( ) Beide Vorzeichen = 3 WP

W 3: WALDVIERTLER

Atommülllager in der „Wild“, also im Waldviertel, gebaut

Funkenregen im Waldviertel

Zerstörung Manhattans

( ) Ein Vorzeichen = 1 WP ( ) Zwei Vorzeichen = 3 WP

( ) Alle drei Vorzeichen = 6 WP

BAUWERKE

W 15 ( ) 1 WP Bahnlinie im Bau von Hunderdorf nach Perastorf

W 22 ( ) 1 WP Bahnlinie im Bau an die Schwarzach

W 21 ( ) 1 WP Eine Brücke in das Pitztal im Bau

MODE

W 19 (x) 1 WP Vollbärte (Kapuzinerbärte) voll in Mode

W 23 ( ) 1 WP Frauen tragen Haare vorne länger als hinten

NATUREREIGNISSE

W 8 (x) 1 WP Die extreme Dürre mindestens in Europa
W 16 ( ) 1 WP Die „Cows of Gowrie“ kommen an Land
W 17 ( ) 1 WP Der River Beauly trocknet aus
W 18 ( ) 1 WP Ein See entsteht neu im Stodertal
W 10 ( ) 3 WP Meeres-Flutkatastrophe in Irland
W 11 ( ) 3 WP Der ständig rote Himmel zumindest in USA
W 12 ( ) 3 WP Das Wunder von Garabandal
W 13 ( ) 3 WP Die seltsamen Himmelsbewegungen
W 6 ( ) 3 WP Schneefall im Sommer in Mitteleuropa
W 7 ( ) 4 WP Die beiden Megaerdbeben
(x) Japan und ( ) Kalifornien

POLITISCHE / GESELLSCHAFTLICHE EREIGNISSE

W 5 (x) 1 WP Masseneinwanderung aus Südosteuropa
W 27 ( ) 1 WP Papstname ist Petrus, Simon oder Peter
W 4 (x) 2 WP Auffallend kurzer Fasching
W 9 ( ) 12 WP Bürgerkriege in der EU

SONSTIGES

W 24 ( ) 1 WP Der Wald am Hennenkobel verschwindet
W 25 ( ) 1 WP Kein Buchinger mehr in Rabenstein
W 20 ( ) 1 WP Die Bäume auf dem Berge Blanik sterben ab
W 26 ( ) 1 WP Extreme Preise für Brennholz
W 14 ( ) 3 WP Viele Babys weltweit haben graue Schläfen

AKTUELLE SUMME DER WARNPUNKTE: (aktuell 6 /)

Kapitel 13
AKTUELLER STAND DER ALARMSIRENEN

Überprüfen Sie regelmäßig, ob eines der in dieser Liste aufgeführten Vorzeichen inzwischen eingetreten ist. Kreuzen Sie dieses dann hier an und suchen Sie unten alle dahinter aufgeführten Alarmsirenen auf. Dort kreuzen Sie das gleiche Vorzeichen ebenfalls an. Haben Sie alle Vorzeichen einer Sirene angekreuzt, dann kreuzen Sie an: „Sirene heult". Wenn eine Sirene heult, addieren Sie deren Alarmpunkte zu den Alarmpunkten aller anderen heulenden Sirenen. Erreicht die Summe den von Ihnen als Alarmauslösung für die ALARMSTUFE 3 bestimmten Wert, dann lösen Sie Ihre ALARMSTUFE 3 aus, ohne weiter zu überlegen, und handeln Sie, ohne zu zögern.

Aktualisieren Sie den Alarmpunktstand jetzt, nachdem Sie dies gelesen haben, zum ersten Mal. (AS = Alarmsirene)

WETTERPHÄNOMENE

( ) Das Super-Frühjahr vor Kriegsbeginn — AS 5

( ) Schneefall im Sommer in Mitteleuropa — AS 6, 11

(x) Extreme Dürre in Europa — AS 17

HIMMELSERSCHEINUNGEN

( ) Der ständig rote Himmel zumindest in USA — AS 4

( ) Das gewaltige Licht am Himmel — AS 14

( ) Funkenregen im Waldviertel — AS 11

( ) Seltsame Himmelskörperbewegungen — AS 5

( ) Das Wunder von Garabandal — AS 6, 10

KATASTROPHEN

( ) Das Megaerdbeben in Kalifornien und Japan — AS 8, 10

( ) Der Untergang Manhattans — AS 11

KRIEGE

( ) Der Beinahekrieg in Mitteleuropa AS 2, 11, 12

( ) Bürgerkriege in der EU AS 5, 9, 11, 13

( ) Krieg im Nahen Osten AS 9, AS 16

BAUWERKE

( ) Die Reschenpass-Bahn in Planung AS 7

( ) Brücke ins Pfitztal im Bau AS 7

( ) Neue Rheinbrücke bei Köln im Bau AS 12

( ) Straße bei Linz am Rhein durch Erpeler Wald im Bau AS 12

SONSTIGES

( ) Hohe Inflation in der EU (über 8 %) AS 9

( ) Der Papst flieht aus Rom AS 1, 10

( ) Papstbesuch in Russland AS 6

( ) Mord auf der Balkankonferenz AS 3, 8, 9

(x) Masseneinwanderung aus dem Osten AS 11

*

ALARMSIRENE 1

( ) Der Papst flieht aus Rom

( ) **SIRENE HEULT = 2 ALARMPUNKTE**

Sobald der Papst flieht, reagieren.

ALARMSIRENE 2

( ) Der Beinahekrieg in Mitteleuropa

( ) **SIRENE HEULT = 1 ALARMPUNKT**

Reagieren, sobald die Soldaten wieder in die Kasernen zurückkehren.

ALARMSIRENE **3**

( ) Der Mord auf der Balkankonferenz

( ) **SIRENE HEULT = 1 ALARMPUNKT**

Sofort nach dem Mord handeln.

ALARMSIRENE **4**

( ) Der ständig rote Himmel zumindest in USA

( ) **SIRENE HEULT = 1 ALARMPUNKT**

Ein Jahr nach diesem Vorzeichen soll es losgehen. Kriegsbeginn wäre akut ab Juli in einem Jahr nach diesem Vorzeichen. Handeln Sie entsprechend der Maßgabe der anderen mitheulenden Sirenen.

ALARMSIRENE **5**

( ) Der Beinahekrieg in Mitteleuropa

( ) Das Super-Frühjahr vor Kriegsbeginn

( ) SIRENE HEULT = 1 ALARMPUNKT

Sobald der drohende Krieg in Mitteleuropa abgewendet ist.

ALARMSIRENE **6**

( ) Schneefall im Sommer in Mitteleuropa

( ) Das Wunder von Garabandal

( ) Papstbesuch in Russland

( ) **SIRENE HEULT = 3 ALARMPUNKTE**

Sofort reagieren, wenn die Sirene zwischen Juli (inklusive) und Oktober losheult. Andernfalls Ende des kommenden Juni handeln, bzw. wenn eine andere heulende Sirene ein sofortiges Handeln empfiehlt, diese befolgen.

ALARMSIRENE **7**

( ) Die Pfitztalbrücke im Bau

( ) Die Reschenpass-Bahn in Planung

( ) **SIRENE HEULT = 1 ALARMPUNKT**

Sobald die Reschenpass-Bahnlinie ernsthaft angegangen wird und die Pfitztalbrücke im Bau ist. Dann besteht ab Juli Kriegsgefahr. Beachten Sie die Angaben bei den mitheulenden Alarmsirenen.

ALARMSIRENE **8**

( ) Die Megaerdbeben in Kalifornien und Japan

( ) Der Mord auf der Balkankonferenz

( ) **SIRENE HEULT = 1 ALARMPUNKT**

Sofort nach der Ermordung des Hochgestellten bei der Friedenskonferenz reagieren.

ALARMSIRENE IRLMAIER **9**

In dieser zeitlichen Abfolge

1. ( ) Hohe Inflation in der EU (über 8 %)
2. ( ) Bürgerkriege in der EU (vor allem Italien und Frankreich)
3. ( ) Krieg im Nahen Osten mit großen Flotten im Mittelmeer, die sich feindlich gegenüberstehen
4. ( ) Der Mord auf der Balkankonferenz

Wenn Sie für sich entschieden haben, dass Sie keinen einzelnen Propheten von vornherein als echt ansehen wollen, dann ist diese Sirene nicht anders als die anderen und es gilt:

( ) **SIRENE HEULT = 2 ALARMPUNKTE**

In den ersten Stunden nach dem Mord reagieren.

Wenn Sie sich entschieden haben, Irlmaier als echten Propheten anzuerkennen, dann gilt für Sie sein ALARMPLAN hier und Sie können alle anderen Alarmsirenen ignorieren.

IRLMAIER ALARMPLAN
ALARMSTUFE 1:
Sie lösen jetzt ALARMSTUFE 1 aus.
Maßnahmen siehe Kapitel 14
ALARMSTUFE 2:
- Hohe Inflation in der EU (über 8 %) Maßnahmen siehe Kapitel 15 und Kapitel 18
ALARMSTUFE 3: (je nachdem, wie lange Sie warten wollen)
- Bürgerkriege in der EU (vor allem Italien und Frankreich) falls Sie schon ein paar Monate vor Kriegsausbruch in eines von Irlmaiers sicheren Gebieten ziehen wollen.
- Krieg im Nahen Osten. Im Mittelmeer stehen sich große Flottenverbände feindlich gegenüber – wenn Sie wenige Wochen/Tage bis zum Kriegsausbruch warten wollen. Sicher keinen Monat mehr.
- Der Mord auf der Balkankonferenz an einem sehr wichtigen VIP – wenn Sie riskieren wollen, bis Stunden vor Kriegseintritt zu warten.
Maßnahmen siehe Kapitel 16 und Kapitel 17

Diese Tabelle können Sie frei kopieren und weitergeben.

ALARMSIRENE **10**

( ) Das Himmelslicht und die Stimme

( ) Die Megaerdbeben in Kalifornien und in Japan

( ) Die Papstflucht aus Rom

( ) **SIRENE HEULT = 3 ALARMPUNKTE**

Wenn der Papst flieht, sofort handeln.

ALARMSIRENE **11**

( ) Bürgerkriege in der EU

( ) Der Beinahekrieg in Mitteleuropa

( ) Schneefall im Sommer oder Frühsommer in Mitteleuropa

( ) Zerstörung Manhattans durch einen Anschlag

( ) Der Funkenregen im Waldviertel

(x) Die neue Masseneinwanderung aus dem Osten

( ) **SIRENE HEULT = 5 ALARMPUNKTE**

Wenn der Beinahekrieg beigelegt scheint, während die Truppen in ihre Kasernen zurückkehren, handeln.

ALARMSIRENE **12**

( ) Der Beinahekrieg in Mitteleuropa

( ) Bau einer neuen Rheinbrücke bei Köln

( ) Straßenbau bei Linz am Rhein durch den Erpeler Wald

( ) **SIRENE HEULT = 2 ALARMPUNKTE**

Sobald die Brücke bei Köln kurz vor der Fertigstellung steht, handeln, spätestens vor Beginn des kommenden Juli, bzw. sofort, wenn es dann gerade Juli, August oder September ist.

ALARMSIRENE **13**

( ) Bürgerkriege in der EU

( ) **SIRENE HEULT = 1/2 ALARMPUNKT**

Reagieren Sie nach den Angaben der mitheulenden Alarmsirenen.

ALARMSIRENE **14**

( ) Das Himmelszeichen

( ) **SIRENE HEULT = 1/2 ALARMPUNKT**

Dieses Vorzeichen kann auch erst nach Kriegsbeginn eintreten und dann die 3-tägige Finsternis ankündigen. Befolgen Sie die mitheulenden Alarmsirenen.

ALARMSIRENE 15

( ) Seltsame Himmelskörperbewegungen

( ) **SIRENE HEULT = 1/2 ALARMPUNKT**

Reagieren Sie nach den Angaben der mitheulenden Alarmsirenen.

ALARMSIRENE 16

( ) Krieg im Nahen Osten

( ) **SIRENE HEULT = 1/2 ALARMPUNKT**

Reagieren Sie nach den Angaben der mitheulenden Alarmsirenen.

ALARMSIRENE 17

(x) Die extreme Dürre in Mitteleuropa

(x) **SIRENE HEULT = 1/2 ALARMPUNKT**

Reagieren Sie nach den Angaben der mitheulenden Alarmsirenen.

GENERELL ZUM ZEITPUNKT DES REAGIERENS

Wenn Ihre Alarmstufe 3 zwischen dem Juli (inklusive) und dem Oktober eintritt, dann sofort reagieren. Wenn sie zwischen November (inklusive) und Juni eintritt, dann spätestens am Anfang des Juli reagieren.

Beachten Sie aber mit Vorrang die Reaktionsanweisungen der Alarmsirenen, die heulen.

ANMERKUNG ZUM ZUSAMMENHANG ZWISCHEN DEN PROPHEZEIUNGEN UND DER AKTUELLEN LAGE FÜR DEN ZU ERWARTENDEN ZEITPUNKT DES KRIEGSEINTRITTS.

Wenn diese Prophezeiungen wirklich zutreffen, dann scheinen sie sich eigentlich auf den jetzigen Zeitraum zu beziehen und nicht erst auf Situationen in 20 oder 50 Jahren. Es passt einfach alles zu gut in die jetzige Zeit. Wenn wir an Prophezeiungen glauben und davon ausgehen, dass sie sich in der nächsten Zeit erfüllen, dann können wir beim Betrachten der aktuellen Lage den Zeitraum, in dem sie sich erfüllen müssten, enger eingrenzen:

Dann müssen wir davon ausgehen, dass es Putin ist, der den Überfall auf Europa plant und durchführen wird, bzw. eventuell sein Nachfolger, falls er plötzlich irgendwie verschwinden sollte. Und dann kann es nicht mehr lange dauern, weil Putin und Konsorten einfach losschlagen müssen, bevor Europa aufgerüstet hat und bevor das russische Volk durch die zunehmende Notlage seiner Wirtschaft sich nicht mehr hinter die Führung stellt, wie es das jetzt noch durch dieselbe Notlage tut. Wie lange dauert es, bis die Nato ihre Ostverstärkungen fertig hat ? Es kann also nur noch wenige Jahre (*am wahrscheinlichsten auch nur 1 Jahr*) bis zum Kriegsausbruch dauern, wenn die Prophezeiungen über den 3. Weltkrieg echte Prophezeiungen sind. Und das ist, wie gesagt, Ihre Glaubenssache.

Und rechnen Sie, wie gesagt, nicht auf die Hilfe der USA. Die USA werden durch das jetzt eng mit Putin verbündete China gebunden werden, das ja einfach nur glaubhaft so tuen muss, als wolle es Taiwan angreifen, um die USA im Pazifik massiv zu binden und von einem energischen Eingreifen in Europa abzuhalten. Dann muss Putin einfach nur noch schnell, massiv und rücksichtslos zum Atlantik durchbrechen, bevor die USA sich besinnen. Und er wird weitgehend auf Atomwaffen verzichten, damit die USA auch keine einsetzen. Die werden sich nämlich hüten, das zu tuen, wie schon früher gezeigt wurde.

Es wird also keinen Atomkrieg in Europa geben. Eben genauso, wie es die Propheten verkünden.

Kapitel 14
HANDLUNGEN BEI ALARMSTUFE 1

All diese Handlungen können Ihnen nicht schaden und sind teilweise sowieso nötig. Sie müssen sich eben mal aufraffen dazu.

Sie müssen jetzt damit beginnen, Geld anzusparen, um bei Ihrer ALARMSTUFE 3 genug davon zu haben. Wenn Sie kein eigenes Haus in einem der sicheren Gebiete haben, brauchen Sie die Miete für eine Pension oder einen Campingwagen o. ä. für wenigstens 4 Monate. Dazu kommen die Anschaffungen für Ihre Vorräte usw. Verzichten Sie einmal auf eine Urlaubsreise, auf neue Möbel oder anderen Luxus. Sie benötigen wenigstens 7.000 Euro, besser wären 10.000 Euro. Sollte die Inflation Ihr Erspartes aufzufressen drohen, dann wandeln Sie es in kleine Goldmünzen oder Minibarren um.

Sie sollten nun dafür sorgen, dass Ihre Zähne von jetzt ab immer in Ordnung sind. Nach Kriegsbeginn werden Sie für wenigstens ein Jahr keinen Zahnarzt mehr besuchen können. Lassen Sie Ihre Zähne machen und gehen Sie nun jedes Jahr zur Kontrolle.

Sie sollten notwendige Operationen, Eingriffe oder diagnostische Abklärungen nicht weiter aufschieben.

Sie sollten versuchen, sich mit Leuten auszusöhnen, bei denen es Ihnen leidtun würde, wenn Sie nicht mehr dazu kämen, es zu tun.

Sie sollten dafür sorgen, immer einen Halbjahresvorrat der Medikamente zu horten, die sie unbedingt benötigen. Auch ein Extrapaar Ersatzbrillen sind nötig.

Besorgen Sie sich spätestens jetzt feste haltbare, passende Schuhe und gute strapazierfähige Allwetterkleidung. Und davon wenigstens 2 Sets. Das alles von wirklich guter Qualität, auch wenn es teuer ist.

Beginnen Sie nun entschlossen damit, sich für die kommenden Belastungen fit zu machen, indem Sie Ihren Körper, Ihren Geist und Ihre Seele trainieren.

Ihren Körper trainieren Sie durch Bewegung und Atmung:

1. Befolgen Sie einfach konsequent und regelmäßig die Bewegungs- oder Sportempfehlungen Ihrer Krankenkasse.

2. Eignen Sie sich bewusstes Atmen an, z. B. mit Hilfe eines Yogabuches.

Ihren Geist trainieren Sie durch Willen und positive Imagination:

1. Ihren Willen trainieren Sie, indem Sie bei allen Sachen, die Sie belästigen (Harndrang, Juckreiz, Ängste, Lärm etc.), die üblichen Abwehr- oder Erleichterungsmaßnahmen zehn Minuten verschieben, die Belästigung ignorieren und sich auf das konzentrieren, was Sie gerade machen müssen. Klappt das, können Sie weitere zehn Minuten dranhängen. Bei Schmerzen sollten Sie das aber nur dann tun, wenn sie ärztlich abgeklärt sind. Werden Schmerzen durch irgendetwas verstärkt, dann vermeiden Sie das und versuchen Sie nicht daran ihren Willen zu trainieren. Ignorieren Sie zum Willens-Training nur Belästigungen, die Sie kennen und die Sie nicht in Gefahr bringen, wenn Sie sie ignorieren.

2. Positive Imagination bedeutet einfach, dass Sie sich abends vor dem Einschlafen mit aller Kraft ein wunderschönes Erlebnis Ihrer Vergangenheit, die Erfüllung eines Herzenswunsches, eine liebe Person oder ein Erfolgserlebnis etc. vorstellen. Wenn es Ihnen entgleitet oder Sie sich dagegen sträuben, versuchen Sie es doch wenigstens dreimal ernsthaft. Mit der Zeit hören die inneren Widerstände auf.

Ihre Seele „trainieren“ Sie einfach dadurch, dass Sie sich selbst endlich wirklich ernst nehmen.

1. Machen Sie ab jetzt nur noch zögerlich Versprechen und Zusagen, inklusive sich selber. Aber halten Sie jedes Versprechen und jede Zusage unbedingt ein, außer Sie schädigen sich oder andere.

2. Jammern Sie sich nicht selber oder anderen was vor. Selbstmitleid ist der größte Feind der Seele. Wenn Sie sich dabei erwischen, packen Sie etwas an oder besser noch, tun Sie etwas Gutes für jemanden.

Kapitel 15
HANDLUNGEN BEI ALARMSTUFE 2

Diese Handlungen erfordern finanziellen Aufwand, doch können sie Ihnen weder beruflich noch privat schaden. Vielleicht werden Sie bei einigen Ihrer Bekannten jedoch als „Spinner" angesehen werden.

Bau eines Schutzraumes

Statt einen teuren Schutzraum anzulegen, ist es besser, rechtzeitig in eines der sicheren Gebiete zu flüchten, in eine dazu vorbereitete Unterkunft, bzw. einen Wohnwagen-Stellplatz dort zu sichern.

Erkunden einer Fluchtroute

Wenn Sie rechtzeitig, d. h. beim Erreichen Ihrer Alarmstufe 3 fliehen, können Sie mit dem Auto einfach in eines der sicheren Gebiete zu Ihrer vorbereiteten Zuflucht fahren und brauchen keine besondere Fluchtroute zu erkunden.

Sollten Sie unbedingt in Ihrer Gegend bleiben wollen, dann lesen Sie Kapitel 19. Doch dieses Buch rät Ihnen davon entschieden ab.

Erwerben geeigneter Fluchtvehikel

Wenn Sie rechtzeitig, d. h. beim Erreichen Ihrer Alarmstufe 3 fliehen, brauchen Sie keine speziellen Fluchtmittel.

Sie sollten aber ab jetzt zu Hause in Kanistern eine Benzinmenge bevorratet halten, die ausreicht, um den Tank Ihres Autos einmal vollzufüllen. Diesen Sprit könnten Sie bei Ihrer Flucht brauchen, wenn Alarmstufe 3 erreicht ist. Durch die dann wahrscheinlich herrschenden bürgerkriegsähnlichen Zustände könnte es schwer sein, an Sprit zu kommen.

Vorsorge gegen die große Dürre und Teuerung

Legen Sie sich spätestens jetzt einen Wassertank zu von 300 l pro Person Ihres Haushaltes, um im Notfall Trinkwasser speichern zu können. Dazu ein Vorrat von Lebensmittelkonserven für 6 Monate, den sie langsam aufbrauchen und immer wieder ergänzen. Ebenso Multivitaminpillen, falls Ihnen frisches Gemüse fehlt. Halten Sie alles geheim vor Ihren Nachbarn.

Suchen/Errichten einer Zuflucht in einem sicheren Gebiet

Sie müssen jetzt eine Zuflucht in einem der sicheren Gebiete vorbereiten, so dass Sie beim Erreichen Ihrer Alarmstufe 3 einfach nur noch dorthin fahren und sich einrichten.

Sie haben folgende Möglichkeiten, von denen Sie eine mit Erreichen Ihrer Alarmstufe 2 in die Tat umsetzen müssen:

1. Sie kaufen oder mieten dort ein kleines, abgelegenes Ferienhäuschen oder eine Wohnung, die zu Fuß nur mühsam zu erreichen ist, aber mit dem Auto zugänglich ist. Sie können mit dem Mieten auch warten, bis Ihre Alarmstufe 3 eintritt. Aber ich empfehle übungshalber schon jetzt eine Mietwohnung zu suchen, um in der Hektik von Alarmstufe 3 dann zu wissen, wie und wo das geht.
   Das Haus sollte nur ein Stockwerk haben und so liegen, dass ein Erdbeben ihm nicht gefährlich werden kann. Also dass kein Erdrutsch, keine Lawine, Staudammbruch, Atomkraftwerk, Armeedepot oder Industrieanlage in der Nähe liegt bzw. droht.
   Am besten wäre es, wenn es einen festen Kellerraum hat, nach Art eines Hurrikan-Schutzkellers, in dem Sie auch Ihre Vorräte und Pickel, Schaufel usw. lagern, falls Sie sich daraus freigraben müssen. Aber es genügt auch ein Häuschen ohne Keller.

2. Sie kaufen sich einen Wohnwagen und informieren sich über abgelegene Campingplätze, die dieselben Kriterien erfüllen, wie sie für das Ferienhäuschen gelten.

3. Sie suchen sich einen abgelegenen Gasthof, Berghütte oder Pension, die eben zu Fuß schwer erreichbar sind. Am besten nicht nur eine, sondern zwei oder drei, die durchaus an verschiedenen Orten in den sicheren Gebieten liegen können. Auf keinen Fall in großen Städten, an größeren Straßen und nahe an den Grenzen. Ebenso nicht in Gegenden mit hohem Migrationsanteil. Dort machen Sie dann wenigstens einmal Urlaub, damit sie mit der Umgebung und den Wirtsleuten bekannt werden. Vielleicht brauchen Sie ein zusätzliches Zimmer, um bei Alarmstufe 3 Ihre Vorräte einlagern zu können. (ca. 2 Kubikmeter pro Person)
   In Australien und Kanada brauchen Sie nicht auf Abgelegenheit der Zuflucht zu achten.
   Sollten Sie Ihre Alarmstufe 3 erreicht haben, dann machen Sie wieder Urlaub dort. Ihr Urlaub sollte dann von vornherein bis in

den Oktober des laufenden Jahres angemeldet werden. Ihre Vorräte können Sie vor Ort kaufen.

ALS SICHERE GEBIETE IN MITTELEUROPA EMPFEHLEN DIE SEHER

1. Die Deutschschweiz, 50 km von den Grenzen entfernt. (Akzeptables Erdbebenrisiko, außer in den Kantonen Basel, St. Gallen, Wallis, Zürich und Zug. Diese Kantone meiden.)

2. Südbayern innerhalb der Grenzlinie:

Kaufbeuren, Obergünzburg, Kempten, Immenstadt, Oberstdorf, Rieden – entlang der Grenze (Aussparung eines Bereiches von 10 km um Garmisch-Partenkirchen wegen erhöhtem Erdbebenrisiko) bis zur Isar, Westseite der Isar bis Bad Tölz, Weilheim, Kaufbeuren.

Militärische Anlagen meiden bei:

Memmingen, Kempten, Füssen, Feldafing, Lengries, Murnau, Mittenwald, Altenstadt, Garmisch-Partenkirchen, Kaufbeuren, Sonthofen, Pöcking, Ottobrunn.

3. Nordost-Tirol südlich der Linie Untersberg – Wendelstein, aber mindestens 15 km vom Inntal entfernt und östlich des Inn. Hier nicht an Straßen bleiben, die aus dem Inntal heraufführen, da von dort Plündererhorden kommen können beim Rückzug der Invasoren aus Italien, bzw. Plünderer von dort her. Halten Sie mindestens 15 km Abstand auch von der Fernstraße südlich des Chiemsees. (Erdbebenrisiko klein)

4. Der Saurüssel. Nur wenn Sie an Irlmaiers prophetische Gabe glauben. Bleiben Sie nördlich des Chiemsees.

5. Sichere Gebiete in Österreich werden von Propheten nicht mit ausreichender Relevanz empfohlen. Man kann sie nur aus dem von den Propheten prophezeiten Kriegsverlauf folgern. (siehe Kapitel 9)

SICHERE GEBIETE IN DEUTSCHLAND

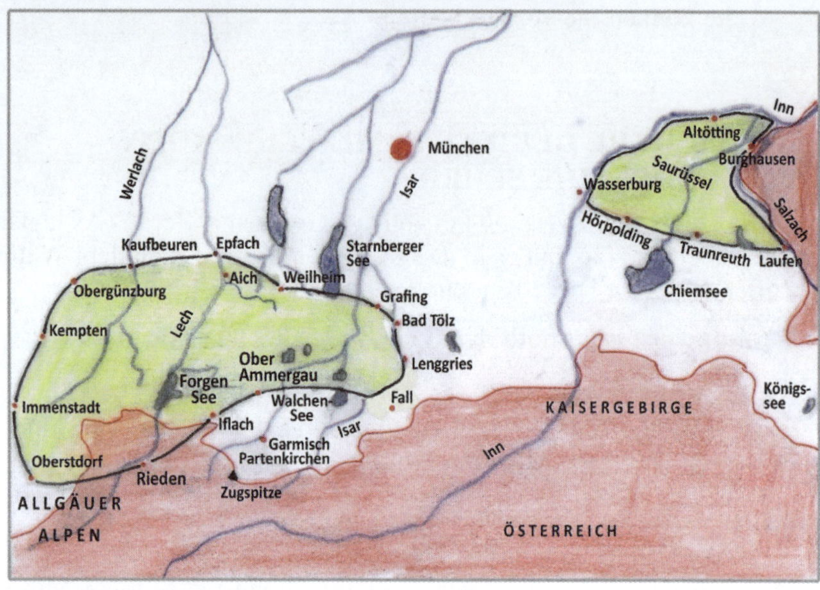

SICHERE GEBIETE IN ÖSTERREICH

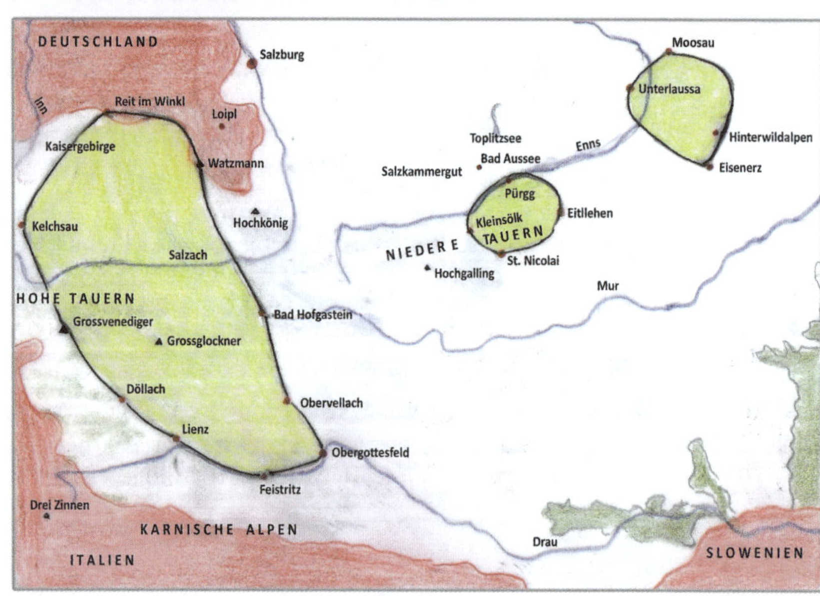

Absolut tödliche Gebiete

Atomschlag bei Frankfurt, der Gelbe Strich und die Verwüstungszone um Prag. Alle grünen Küstengebiete werden von Tsunamis zerstört. Die Streifenbreite innerhalb des gelben Striches fasst alle Prophetenangaben dazu zusammen.

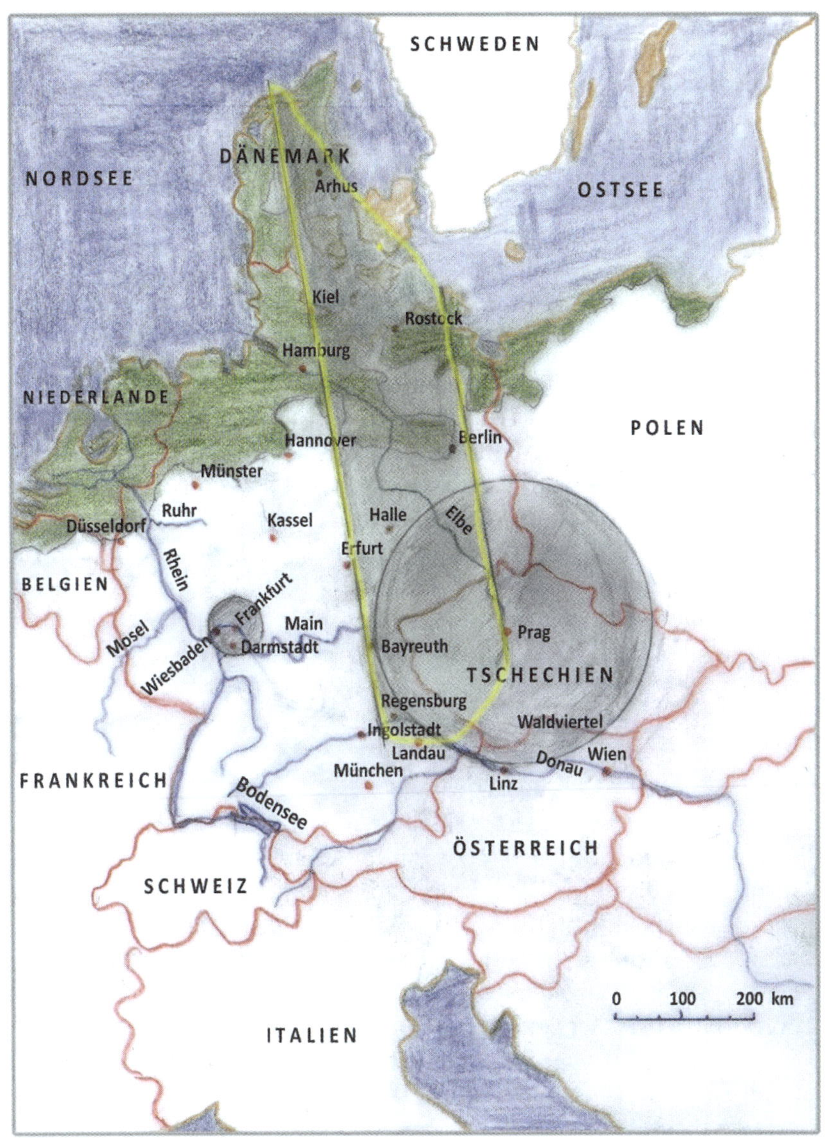

AUS DEM PROPHEZEITEN KRIEGSVERLAUF ERGEBEN SICH FOLGENDE SICHERE GEBIETE IN EUROPA

Da der Krieg nur sehr kurze Zeit dauert, kommt es mit hoher Wahrscheinlichkeit nicht zur Invasion abgelegener Randgebiete in Europa. Also Gebiete, die nicht in Mitteleuropa, nicht um die Ostsee herum oder nicht um das Mittelmeer herum liegen. Alle Gebiete werden aber auch von den Tsunamis und den Erdbeben bedroht. Daher eignen sich nur folgende Gebiete als Zuflucht:

Schottisches Hochland, Hochlandgebiete von Spanien und Portugal, Peloponnes in Griechenland.

Für Norwegen gibt es zu viele vorhergesagte Kampfhandlungen durch Johannson.

BEACHTEN SIE:

Meiden Sie auch in den sicheren Gebieten den Umkreis von Militäranlagen (ca. 5 km). Fragen Sie bei den Einheimischen nach, ob es in der Nähe Militäranlagen gibt. Auch wenn die Propheten diese Gebiete als sicher gesehen haben, bedeutet das nicht, dass einzelne Fleckchen darin doch bedroht sind. Auch wenn die Invasoren nicht hierherkommen, werden sie wahrscheinlich durch gezielte Luft- oder Raketenangriffe, vielleicht sogar mit kleinen taktischen Atomwaffen, militärische Anlagen ausschalten.

SICHERE GEBIETE FÜR MENSCHEN MIT MEDIKAMENTENBEDARF

Wenn Ihr Leben von der regelmäßigen Einnahme von Medikamenten abhängt, die sich nicht mindestens 2 Jahre konservieren lassen z. B. Insulin, Dialyse etc., dann kommt in Europa nur die Schweiz als sicheres Gebiet in Frage. Nur hier haben Sie die Chance, Ihr Medikament auch weiterhin zu erhalten. Alle anderen Gebiete Europas werden wohl für wenigstens ein Jahr nichts mehr produzieren oder importieren, es sei denn aus der Schweiz. Sicherer allerdings wäre, wenn Sie sich Ihre Zuflucht in einem der folgenden Gebiete außerhalb Europas suchen: Australien (erste Wahl), Kanada, Südamerika.

In Europa wird nicht gewährleistet sein, dass Sie ihr Medikament für die nächsten Jahre weiterhin erhalten, selbst von der Schweiz aus ist das nicht sicher.

Daher empfehle ich Australien.

Hier wird die staatliche und wirtschaftliche Ordnung erhalten bleiben, so dass Sie auch vor Plündererbanden keine Angst zu haben brauchen.

Für Kanada sagen manche Propheten eine russische Invasion vom Westen her voraus, die aber abgeschlagen wird. Auch ist nicht sicher, ob hier in den Industrie- und Ballungszentren nicht doch auch russische Atomraketen einschlagen werden, um den USA deren Unterstützung zu rauben, falls es doch zu einem atomaren Austausch zwischen Russland und Amerika kommt. Daher sind nur die dünnbesiedelten Gebiete im Nordosten für eine Zuflucht geeignet. Südamerika erscheint mir im Vergleich zu Australien eher für innere Unruhen anfällig zu sein. Dennoch wird in diesen Ländern die innere und wirtschaftliche Stabilität höher sein als im Rest der Welt. Auch China scheint dazuzugehören, obwohl es sich laut einigen Propheten am Krieg beteiligen soll. Ich kann es daher nicht empfehlen. Die USA wären sicher, wenn es nicht zu einem atomaren Krieg kommt. Das ist zwar wahrscheinlich, aber nicht sicher. Deshalb empfehle ich sie nicht. Zu Indien kann ich nichts sagen.

FÜR DIE LAGE IHRER ZUFLUCHT GENERELL ZU BEACHTEN:

1. Meiden aller Küstengebiete und Gebiete unter 100 m über NN. (Megatsunami)
2. Keinesfalls nördlich der Donau und östlich des Rheins bleiben.
3. Eine Distanz von wenigstens 50 km von der französischen und italienischen Grenze einhalten. (Revolutionäre Banden von dort)
4. Eine Distanz von wenigstens 100 km von der tschechischen Grenze bzw. von Böhmen einhalten. (Erdriss o. ä. Super-Naturkatastrophe)

5. Eine Distanz von wenigstens 50 km vom Rheintal und der Donau selbst einhalten. (Kampfgebiete mit Giftgaseinsatz und wohl auch taktischen Atomwaffen)
6. Eine Distanz von wenigstens 15 km zum Inntal einhalten. (Aus Italien sich zurückziehende Invasionstruppen)
7. Meiden Sie die Nähe von Ballungszentren. (Distanz 30 km)
8. Die Zuflucht sollte zu Fuß nur mühsam zu erreichen sein. (Plündererbanden bevorzugen das bequem Erreichbare und Autos fahren nach dem Krieg nicht mehr.)
9. Ihre Zuflucht sollte nicht weithin sichtbar sein.
10. Erdbebensichere Zonen im Zufluchtsgebiet aufsuchen, also nicht unterhalb von Berghängen, im Flutbereich von Staudämmen, Nähe einer Industrieanlage, in wässrigen Tälern etc., da es zu schweren Beben kommt, nicht im Bereich alter oder arbeitender Bergwerke.
11. Meiden Sie die Nähe (5 km Distanz) von Kraftwerken, großen Industrieanlagen, Verkehrsknotenpunkten und wichtigen Verkehrswegen aller Art, Chemiefabriken, Kernkraftwerken (30 km Distanz), Militäranlagen.
12. Die Zuflucht sollte vor schweren Stürmen geschützt liegen.

WIE SOLL DIE ZUFLUCHT AUSSEHEN?

1. Einen geschlossenen Raum haben, damit man „Fenster und Türen“ schließen kann. Diese Fenster und Türen muss man auch fest verrammeln können, damit sie keiner so einfach einschlagen kann.
   Ein Wohnwagen oder Ähnliches ist auch möglich, allerdings sollte man 3 Tage lang am Stück darin ausharren können. Sie müssen eventuell 3 Tage in völliger Dunkelheit darin verbringen, ohne Strom zu haben. Und das in einem kalten Winter.
2. Es sollten noch andere Personen mit Ihnen in dieser Zuflucht leben. Personen, mit denen Sie sich gut verstehen. Bleiben Sie auf keinen Fall alleine.

3. Die Unterkunft sollte wenig erdbebenanfällig sein, d. h.

   a) Sie muss in einer Region liegen, in der es normalerweise nicht zu Erdbeben kommt.

   b) Das Gebäude an sich sollte wenig einsturzgefährdet sein bzw. einen sicheren Kellerraum haben, wie z. B. die Schutzräume gegen Tornados in den USA, in die man bei einem Erdbeben flüchten kann. Dieser Raum sollte dann, neben einer eigenen, gut schließenden Tür gegen die Finsternis, Gerät enthalten, um sich im Notfall aus den Trümmern des eingestürzten Hauses darüber freigraben zu können. (nach 3 Tagen)

   c) Am besten wäre ein kleines Haus. Je weniger Stockwerke und je kleiner, umso besser. Fachwerkhäuser und ausgewiesen „erdbebensichere" Häuser sind zu bevorzugen. Oder gut abgedichtete Wohnwagen und festgezurrte Wohncontainer und Ähnliches. Zelte empfehle ich nicht.

4. Sie müssen wenigstens einen Ofen im Zimmer haben, in dem sie sich zumeist aufhalten werden. Heizungen, die Strom brauchen, um zu arbeiten, werden ausfallen. Wenn Ihr Zielgasthaus oder Pension keine Alternative zu so einer Heizung hat, sollte es wenigstens in einer Gegend mit viel Holz liegen, damit man nach Kriegsausbruch, wenn Sie nicht mehr als Spinner gelten, einen provisorischen Ofen einrichten kann. Für die drei Tage der Finsternis brauchen Sie aber einen warmen Schlafsack und eine Wärmequelle, die Sie warmhält, ohne Abgase zu erzeugen. Ich empfehle einen Vorrat an chemischen Handwärmern für ca. 5 Tage pro Person. Zwei im Schlafsack reichen für etliche Stunden. Sie müssen während der Finsternis alle Löcher des provisorischen Ofens nach draußen ja verstopft halten. Sie können sich keine Abgase eines Ofens leisten.

5. Achten Sie auch darauf, dass das Haus keine großen Fenster hat, die ein Bruchrisiko darstellen. Es sollte „dicht" bleiben, auch wenn draußen durch Stürme Objekte herumfliegen. Am besten bereiten Sie sich wie die Amerikaner auf einen Tornado vor.

6. Sie benötigen einen Platz, um Ihre Vorräte zu lagern. Wenigstens 2 Kubikmeter pro Person. Mieten Sie eventuell ein eigenes Zimmer für Ihre Vorräte, wenn Ihre Zuflucht eine Pension ist.

7. Gut wäre ein Brunnen, der nicht von der Gemeindewasserversorgung abhängt. Offene Wasser, wie Teiche oder Bäche, sind nicht geeignet. Dann brauchen Sie keine 300 l Wasser pro Person zu bevorraten.

WELCHE VORRÄTE ANLEGEN

Schauen Sie sich in der Umgebung Ihrer ausgewählten Zuflucht um, welche Vorräte Sie dort besorgen können. Solche, die Sie dort nicht erhalten, müssen Sie jetzt besorgen und später mit dorthin nehmen. Die anderen können Sie auch noch dort besorgen, wenn Sie bei ALARMSTUFE 3 in Ihre Zuflucht umgezogen sind. Oder sie sind schon vor Ort.

1. Trinkwasser in metallenen Kanistern lagern oder aus einem tiefen Brunnen holen können, ca. 300 l pro Person. Sie können auch Plastikbehälter mehrlagig mit Alufolie umwickeln. Dazu Tabletten zur Entkeimung und Reinigung des Wassers (z. B. Micropur).

2. Lebensmittel in metallenen Konserven für ca. 6 Monate. Nicht metallene Behälter dick mit Alufolie umwickeln. Einen Vorrat von Vitamintabletten als Ersatz für frisches Obst und Gemüse.

3. Ordentlich verschreibungsfreie Schmerzmittel und Verbandmittel dabei haben. Dazu eine normale Reiseapotheke. Es gibt nur wenige Medikamente, die Sie zusätzlich zu einer gewöhnlichen Haus- oder Reiseapotheke brauchen. Nehmen Sie sie im Notfall gemäß dem Beilagezettel ein und lesen Sie diesen vorher gründlich durch.
   Lagern Sie alle Medikamentenpackungen in Metalldosen oder umhüllen Sie sie dick mit Alufolie.
   Alle folgenden Medikamente (bis auf die Kohletabletten und Rescue-Tropfen) sind verschreibungspflichtig. Leider gibt es keine nicht verschreibungspflichtigen Mittel mit annähernd guter Wirksamkeit.
   Wenden Sie sich also an Ihren Arzt. Grundsätzlich gilt für Sie: Wenn Sie einen Arzt erreichen können, dann lassen Sie sich Medikamente nur von ihm verordnen und fangen Sie jetzt nicht an, Medikamente auf eigene Faust einzunehmen.

Bei Infektionen mit hohem Fieber oder schweren, beunruhigenden Symptomen oder zu langer Dauer:
Co-Amoxicillin als Hauptantibiotikum. (Nicht nehmen bei Penicillin-Allergie! Dann nehmen Sie Doxycyclin.) Azithromycin, wenn Co-Amoxicillin oder Doxycyclin nach 2 Tagen keine Wirkung zeigt oder es schlimmer wird. Citrofloxacin, wenn Azithromycin nach 2 Tagen keine Wirkung zeigt, bzw. als Anfangsmittel bei Harnwegsinfektionen.

Bei allen Krämpfen im inneren Körper (z. B. Bauchkrämpfe, nicht Krämpfe der vom Willen bewegten Muskeln):
Buscopan-Tabletten oder -Zäpfchen

Bei allen plötzlichen Schwellungen, Allergien, Sonnenstich:
Cortisontabletten 20 mg

Für starke Schmerzen, gegen Entzündungen (nicht Wunden) oder bei Fieber ab 40 Grad:
Novalgin-Tropfen

Bei Unruhezuständen und Angst:

Temesta expidet 1mg Tabl

Bei rotem Auge und Augenverletzungen:
Eine antibiotische Augensalbe, .z. B. Neomycin-Augensalbe

Zum Schutz des Magens bei Stress, Sodbrennen oder bei Einnahme von Cortison:
Pantoprazol-Dragees

Gegen Durchfall und bei Vergiftungen (nach Erbrechen des Giftes):
Kohletabletten

Zum Schutz vor Ansteckung bei Seuchengefahr:
Atemschutzmasken (keine billigen) und Händedesinfektionsmittel.
Wenn Erkrankungen in Ihrer Umgebung auftreten, tragen Sie immer die Atemschutzmaske und desinfizieren Sie Ihre Hände nach jeder Berührung mit fremden Sachen oder Dingen, die auch andere berühren.

In stressigen Situationen und zur allgemeinen Stärkung bei Krankheiten:
Rescue-Tropfen

Dazu mindestens einen Jahresvorrat der von Ihnen regelmäßig oder oft benötigten Medikamente. Besser wäre ein 2-Jahres-Vorrat.

4. Ein gutes Naturheilbuch, z. B:
   Hausmittel: Geprüfte Naturheilmittel ohne Nebenwirkungen von Dr. Jörg Zittlau, Südwest Verlag; 2. Auflage, ISBN 978-3-3517082509
5. Eine Gasmaske, wenn möglich.
6. Man muss völlig ohne Strom auskommen. Ebenso funktioniert kein Handy, Radio usw., da die Sendestationen nicht mehr funktionieren. Vergessen Sie also alle modernen Geräte, die irgendwas mit Elektronik enthalten (Compton-Effekt). Einfache Sachen mit Batterien, wie Taschenlampen usw., könnten funktionieren, doch ist dies während der 3-tägigen Finsternis nicht sicher. Lieber einen Kerzenvorrat anlegen oder eine Öllampe mit Feuerzeug oder genug Streichhölzern.
7. Heizungen, die irgendwie Strom oder Gas brauchen, werden nicht funktionieren. Ein Campingofen mit Holz oder einer Gasflasche schon. Den kann man auch zum Kochen nehmen.
   Ein dicker Schlafsack, warme Kleidung und Decken helfen den Verbrauch zu senken. Während der Finsternis können Sie keinen Ofen benutzen, der Abgase erzeugt. Dann legen Sie chemische Wärmespender in Ihren Schlafsack.
8. Ein gutes Survival-Buch zur Hand haben, z. B.:
   Lexikon des Überlebens von Karl Leopold von Lichtenfels, Anaconda Verlag, ISBN 978-3-938484-26-5
9. Säge und Axt zum Holzschlagen.
10. Hacke, Spaten und Schaufel, falls man durch ein Erdbeben verschüttet wird.
11. Gutes Radiogerät mit Batterien.
12. Fernglas, wenn möglich auch ein Nachtsichtgerät.
13. Eventuell eine Campingtoilette für die Zeit der Finsternis mit Klopapier.

14. Isoliermaterial zum Abdichten von Fenstern und Türen während dieser.
15. Für die unruhige Zeit nach all den Katastrophen sollten Sie sich bewaffnen, soweit Ihnen das möglich ist: Armbrust, Pfefferspray, ein richtiges Schwert, einen Benzinvorrat für Molotow-Cocktails, Stacheldraht usw. Auch ein Nachtsichtgerät und eine starke Sirene sind zu empfehlen.
16. Ausreichend viele, fest verschließbare Abfallsäcke.
17. Große Feuerlöscher, Feuerdecken. (Funkenregen, Plünderer, die Feuer legen usw.)

BESORGEN VON NÖTIGEN MEDIKAMENTEN

Wenn Sie regelmäßig Medikamente brauchen, die sich wenigstens 2 Jahre lang ohne Kühlung lagern lassen, dann beginnen Sie jetzt damit, sich einen Vorrat für 2 Jahre zuzulegen, sofern Sie sie nur über Rezept bekommen. Mindestens aber sollten Sie für 1 Jahr Vorrat anlegen.

IMPFSCHUTZ ÜBERPRÜFEN

Fragen Sie Ihren Arzt, ob Ihr Tetanusschutz aufgefrischt werden muss.

Vorbeugende Impfungen für eventuelle Seuchen nach dem Krieg wären empfehlenswert für Cholera, Diphtherie und Typhus. Weniger nötig, aber auch möglich für Pneumokokken, Keuchhusten und FSME (Zecken).

Lassen Sie sich von Ihrem Impf-Arzt beraten, ob die jeweilige Impfung für Sie zuträglich ist. Dies ist individuell sehr verschieden.

ÜBERREDEN VON FREUNDEN USW.

Versuchen Sie nun die, die Sie gern haben, zu überreden, sich ebenfalls nach Ihrem Alarmplan zu richten und sich auch eine Zuflucht in einem der sicheren Gebiete zu sichern.

Sie können nun auf einige bereits eingetroffene Warnzeichen verweisen.

FÜR FRAUEN

Es empfiehlt sich, jetzt nicht mehr schwanger zu werden. Warten Sie damit bis nach dem Krieg. Haben Sie bereits ein Kleinkind oder erwarten Sie eines, dann brauchen Sie sich aber keine Sorgen zu machen, wenn Sie rechtzeitig (d. h. bei Eintritt Ihrer Alarmstufe 3) in eines der sicheren Gebiete ausweichen und alles, was Sie für das Kind für 6 Monate brauchen, dort in Ihrer Zuflucht horten oder ab jetzt zur Mitnahme dorthin bereithalten, falls Ihre Alarmstufe 3 eintritt.

LESEN SIE JETZT AUCH KAPITEL 18.

Kapitel 16
HANDLUNGEN BEI ALARMSTUFE 3

Diese Handlungen können Ihnen, wenn sie bei einem Fehlalarm erfolgen, beruflich sehr schaden. Immerhin müssen Sie Ihrer Arbeit eventuell mehr als einen Monat fernbleiben.

Einkaufen von Lebensmitteln für 6 Monate, wenn Sie das noch nicht getan haben, und Kanistern, die man im Zufluchtgebiet mit Trinkwasser füllen kann. Dazu Alufolie, um alle Plastikbehälter mehrlagig damit zu umhüllen.

Am besten kaufen Sie das dann alles bei Ihrer Zuflucht ein, wenn es dort möglich ist.

Umziehen in die vorbereitete Zuflucht (wenigstens Ihre Familie).

Wenn Sie konsequent beim Eintreffen Ihrer Alarmstufe 3 flüchten, ist noch kein Krieg. Die Straßen sind frei, Flugzeuge fliegen noch und sie gelten als normaler Tourist und nicht als Flüchtling. Sie sollten aber größere Städte meiden und möglichst nur große Straßen benutzen, weil es zu dieser Zeit wahrscheinlich bürgerkriegsähnliche Unruhen geben wird. Achten Sie auf die Nachrichten. In einem Tag sollten Sie jedes Ziel erreichen können.

Sobald Sie in Ihrer Zuflucht sind, Kapitel 17 dieses Buches lesen.

Wenn die 3-tägige Finsternis eintritt und ein weltweites Ereignis ist, dann trifft es Sie auch überall, wo Sie sind.

Kapitel 17
SCHUTZ VOR DER DREITÄGIGEN FINSTERNIS

WAS IST DIESE FINSTERNIS?

Viele Propheten verkünden eine 3 Tage dauernde totale Verfinsterung zumindest in Mitteleuropa, vielleicht auch auf der ganzen Erde. Das ist nicht eindeutig. Mitteleuropa jedenfalls wird von allen vorhergesagt. Was die Ursache dafür ist, wird nicht klar gesagt.

In jedem Fall ist diese Finsternis, wenn sie eintritt, das tödlichste Ereignis, vor dem Sie sich schützen müssen, egal wo Sie sind.

WELCHE WARNZEICHEN VERKÜNDEN DIE FINSTERNIS?

Dieses Ereignis können Sie erwarten, wenn eine der folgenden Alarmsirenen heult:

Alarmsirene 9 – Irlmaier

Alarmsirene 10 – Lueken

Alarmsirene 11 – Waldviertler

Alarmsirene 14 – wenn diese erst nach Kriegsbeginn losheult.

Alarmsirene 15 – Pater Pio

Außerdem muss der dritte Weltkrieg auch eingetreten sein.

Sollte keine dieser 5 Sirenen heulen, dann können Sie die Finsternis dennoch erwarten, wenn eine der folgenden, nicht von mir in die Alarmsirenen aufgenommenen Vorhersagen eingetroffen ist. Zusätzlich muss aber auch der Überfall Russlands auf Westeuropa eingetreten sein, damit diese Vorhersagen das Eintreten der Finsternis ankündigen können:

- Das Kloster Einsiedeln wird während einer Katholiken-Verfolgung in der Schweiz zerstört werden, nur die Gnadenkapelle bleibt bestehen. – Berta Zängeler

- „Am Abendhimmel erscheint ein Licht, das den Mond verschwinden lässt und die Sterne wie Schuppen in das All zurücktreten." – Johannes Friede

Glauben Sie an IRLMAIERS prophetische Gabe, dann müssen Sie auch an das Eintreten der dreitägigen Finsternis glauben.

WELCHE GEBIETE SIND BETROFFEN?

In den islamischen Prophezeiungen ist von einer direkt giftig-tödlichen Wirkung der Finsternis außerhalb der Häuser nicht die Rede. In anderen Kontinenten gibt es keine sicher erkennbaren, d. h. eindeutig klaren Prophezeiungen über eine dreitägige Finsternis. Daher könnte diese auch nur Mitteleuropa und den Nahen Osten sowie Nordafrika betreffen.

Wenn die Finsternis kommt, dann muss man davon ausgehen, dass in jedem Fall ganz Europa davon betroffen wird. Der Effekt scheint am tödlichsten dann in West- und Mitteleuropa zu sein und sich zumindest nach Afrika und dem Nahen Osten hin deutlich zu „verdünnen".

Ein nicht unmittelbar tödlicher, sondern eher halluzinogener Effekt erklärt die prophezeiten Wirkungen der Finsternis am besten. Für die Bewohner Mittel- und Westeuropas ist das aber egal. Hier gelten einfach die unten dargelegten Schutzmaßnahmen, um zu überleben.

WANN TRITT DIE FINSTERNIS EIN?

Die Situation beim Eintritt sieht in Mitteleuropa so aus:

- Es ist Krieg in ganz Europa (Überfall durch Russland).
- Es ist Winter (am wahrscheinlichsten ist der Oktober).
- Es ist sehr kalt.
- Wahrscheinlich benehmen die Tiere sich schon am Tag vor dieser Nacht sehr unruhig und merkwürdig und untypisch.
- Es kann in der Nacht beginnen, so dass die Verfinsterung nicht rechtzeitig bemerkt wird. Jedenfalls darf kein Mond und kein Stern dann sichtbar sein.
- Massives Donnergrollen beim Beginn.

- Plötzliches Erdbeben beim Beginn.
- Beginn innerhalb einer Stunde oder weniger.

Falls also wenigstens eines der oben angegebenen Warnzeichen eingetreten ist, dann und nur dann gilt für Sie:

Wenn an einem kalten Wintertag (ab September) nach frühestens der ersten Kriegswoche die Vögel und viele andere Tiere sich auffallend seltsam verhalten und allesamt irgendwie verrücktspielen und in der folgenden Nacht plötzlich ein gewaltiges Donnern ertönt, gefolgt von einem Erdbeben, dann ab ins nächstliegende Haus und alle Türen und Fenster zu, samt Rollläden. Alle Türen und Fenster mit Papier oder sonst was innen abdichten und alles gut verrammeln gegen Eintreten oder Einschlagen. Und dann 3 Tage lang nicht mehr öffnen und im Haus bleiben, trotz Erdbeben. Auch nicht hinaussehen. Es empfiehlt sich der Besitz einer mechanischen Uhr zur Zeitkontrolle. Sollte eine plötzliche Verfinsterung bei Tag beginnen, dann sofort auch Obiges tun.

Sollte aber keines der Warnzeichen bis dahin eingetreten sein, dann gilt natürlich:

Bei Erdbeben nicht ins Haus rennen, sondern draußen Schutz suchen. Sie haben im Mittel 8 Sekunden Zeit dazu.

Ist eines der Warnzeichen für die Finsternis eingetreten, dann gilt für Sie außerdem:

Man sollte nach Eintritt des Krieges so rasch, wie es geht, versuchen einen Unterschlupf, wie unten dargelegt, zu erreichen und sich während des nächsten halben Jahres dann nicht mehr weiter davon entfernen als ein paar hundert Meter.

Ein halbes Jahr nach Kriegsbeginn besteht keine Gefahr mehr, dass die Finsternis noch eintritt, wenn sie es bis dahin nicht tat.

AUF WAS MUSS MAN SICH IN EUROPA GEFASST MACHEN?

1. Eine totale Verfinsterung von 3 Tagen Dauer.

2. Erdbeben, die zumindest in Regionen, die nicht an sich schon Erdbeben ab und zu haben, weniger gefährlich zu sein scheinen. Zumindest führen sie dort nicht zum Masseneinsturz von Gebäuden.
   Die Seher empfehlen ja ausdrücklich den Verbleib in den Häusern trotz der Beben. Meiden Sie aber Gebiete, in denen es manchmal zu Erdbeben kommt. Hier werden die Beben wahrscheinlich stärker sein als anderswo.

3. Tsunamis an Küstenregionen. Und zwar Megatsunamis von über 30 m Höhe. Man sollte sich keinesfalls in Gebieten aufhalten, die nicht mindestens 50 m über dem Meeresspiegel liegen, besser wären 100 m. Hohe Gebäude halten vielleicht den Wassermassen nicht stand.

4. Feuerregen, der zwar sehr gefährlich wirkt, aber scheinbar kaum Häuser in Brand setzt. Die Seher mahnen ja dringend im Haus zu bleiben. Und da Sie nicht aus dem Fenster sehen dürfen, werden sie vom Feuerregen wahrscheinlich nichts mitbekommen.

5. Schwere Gewitter und starke Stürme. Wenn Sie Ihren Unterschlupf sturmfest gemacht haben, dann ignorieren Sie das Donnern und Heulen draußen einfach. Zum Sturmfestmachen genügen die derzeit bei Tornados üblichen Maßnahmen.

6. Kein Strom, wobei man davon ausgehen muss, dass es zu einem Compton-Effekt kam und daher z. B. auch kein moderner Motor oder irgendwas mit einer Elektronik mehr läuft.

7. Schwerkraftstörungen (Schlingern der Erdachse). Dies kann sich vielleicht anfühlen wie unter Deck auf einem schwankenden Schiff. Es kann auch in dem wahrscheinlich gleichzeitigen Erdbeben untergehen. Wenn Ihre Standfestigkeit leidet, legen Sie sich am besten auf eine Decke auf den Boden und BLEIBEN SIE UNBEDINGT IM HAUS!

8. Lebensmittel, Medikamente und Wasser, die nicht in Metallbehältern verschlossen sind, verderben.

9. Halluzinationen und schwerer psychischer Stress. Den meisten Prophezeiungen nach scheint es sich bei dem tödlichen Effekt der „Verpestung“ der Luft während der dreitägigen Finsternis nicht um ein tödliches Gift zu handeln, sondern eher um eine Art Halluzinogen oder um eine Strahlung, die Halluzinationen erzeugt. Das erklärt auch, warum die in den Häusern Bleibenden ebenfalls Halluzinationen haben und warum so viel Wert auf „religiöse Gegenmaßnahmen“ gelegt wird. Häuser sind nie ganz luftdicht und schützen auch nicht absolut vor Strahlung. Daher werden sie „innen“ ebenfalls in abgeschwächter Form erfahren, was die „außen“ voll abkriegen. Und wer sich vorstellt, was passiert, wenn man voll zugedröhnt drei Tage lang im Stockfinsteren im Freien herumirrt und die übelsten Wahnvorstellungen hat, der kann schon verstehen, warum es dann so viele Tote gibt. Selbst die seltsamen Ankündigungen vieler Propheten, dass es vor allem die Gottlosen trifft, haben dann einen Sinn. Wer in sich keinen festen Halt hat, der ist gegen Halluzinationen anfälliger.
10. Anschließend Hungersnot und Wassermangel.

NACH DER FINSTERNIS

- Sehr, sehr viele Tote durch die dreitägige Finsternis. Daher hohe Seuchengefahr.
- Danach Ascheablagerung auf der Erde. Vor der Asche wird nicht gewarnt.
- Aufhören der Finsternis binnen weniger Stunden. Am Morgen des dritten Tages geht die Sonne wieder auf.

SCHUTZMASSNAHMEN

- Unter wirklich allen Umständen im Haus bleiben. Alles so gut wie möglich verschließen, verrammeln und abdichten. Nicht aus den Fenstern schauen. Diese mit Brettern verschlagen o. ä. Optimal wäre ein fester, gut abschließbarer Keller mit Werkzeug (keins, das Strom braucht), um sich aus den Trümmern seines Hauses herausgraben zu können. Der Keller darf nicht offen stehen, wenn das Haus darüber eventuell bei einem Erdbeben einstürzt.

- Alle offenen Wasser werden giftig und alle offenen Speisen, die nicht in verschlossenen Dosen sind. Auch keine Speisen in Gläsern, die halten es nicht ab.

- Lagern Sie für etwa 3 Monate Nahrungsmittel in Metallverpackungen und Wasser in Behältern, die z. B. mit Metallfolie umhüllt sind.

- Lagern Sie Medikamente ebenfalls in Metallbehältern ein.

- Kein elektrischer Strom vorhanden. Wahrscheinlich funktioniert auch nichts mehr mit Elektronikanteilen. Benutzen Sie kraftstoff- oder handbetriebene Geräte ohne Elektronikanteil.

- Lassen Sie ein paar Kerzen brennen während der Finsternis, da die Propheten das explizit empfehlen. Vielleicht wirkt die Verbrennung irgendwie gegen Substanzen, die von außen in das Haus eindringen.

- Psychischer Stressabbau durch frommes Verhalten. Wenn Sie andere Verfahren kennen, um innere Zuversicht, Entspannung und Stärke zu erlangen, z. B. Meditationen, das Hören von Musik (mit Batterien), Lesen oder sonst was, dann sorgen Sie dafür, dass dies in Ihrem Unterschlupf verfügbar ist. Sie werden das, was Ihnen im Alltag in extremen Stresssituationen hilft, dringend brauchen. Alkohol und andere Drogen, die selbst halluzinogen oder sonst wie aufs Hirn wirken, sind aber völlig ungeeignet und können alles nur verschlimmern. Vor allem aber: Sie sollten nicht allein sein, aber auch nicht zusammen mit Personen, die ihren Stress schon im Alltag verschlimmern. Während der Finsternis werden Ihnen nämlich die 3 stressigsten Tage Ihres Lebens bevorstehen, auch wenn Sie in einem Unterschlupf sind. Wer weiß, welche Halluzinationen Sie plagen werden. Machen Sie sich auf Alpträume im Wachzustand gefasst.

Ich weiß leider nicht, wie in diesem Fall Schlafmittel oder Beruhigungsmittel wie Valium usw. wirken werden. Sie sollten sie nicht nehmen, solange sie nicht am Durchdrehen sind und andere Arten von Seelentrost haben. Glauben Sie jedenfalls nicht an die Wirklichkeit dessen, was Sie während dieser 3 finsteren Tage und Nächte sehen oder hören.

Ob Gasmasken oder ABC-Schutzanzüge (mit Atemgerät) wirken, kann ich nicht sagen. Sicher nicht, wenn es sich um Strahlung handelt. Vielleicht hilft es, wenn man Alufolie um sich, vor allem den Kopf, wickelt und sich sozusagen verpackt, wie die Lebensmittel.

Lieber im Haus bleiben, als draußen solche Hilfsmittel testen.

ALARMIERT SEIN FÜR DIE 3-TÄGIGE FINSTERNIS

( ) Der Krieg dauert bereits länger als 1 Woche.

( ) Wenigstens eines der Warnvorzeichen ist eingetreten.

( ) Es ist sehr kalt.

( ) Alle Tiere benehmen sich sehr unruhig, sehr merkwürdig und untypisch.

( ) Es wird Nacht.

Wenn Sie alle diese Punkte angekreuzt haben und dann Donnergrollen und Erdbeben eintritt, ist die Finsternis da. Entwarnung wäre nur, wenn die Tiere sich wieder normal verhielten.

Kapitel 18
SPEZIELLE VORSORGETIPPS DER PROPHETEN

Sepp Wudy
„Aus dem Osser (Berg an der bayerisch-böhmischen Grenze) kommt noch eine Quelle, da kannst du trinken. Die Luft frisst sich in die Haut wie Gift. Leg alles an, was du an Gewand hast, und lass nicht das Nasenspitzl herausschauen. Setz dich in ein Loch und wart, bis alles vorbei ist, lang dauert's nicht, oder such die eine Höhle am Berg. Wenn dir die Haare ausfallen, hat es dich erwischt. Nimm ein Kronwittbirl (Wacholderbeere) in den Mund, das hilft, und sauf keine Milch, acht Wochen lang."

ANMERKUNG

Sie sollten allerdings nicht mehr an der bayerisch-böhmischen Grenze sein, wenn der Krieg ausbricht. Dieses Gebiet gehört zu den absolut tödlichen Gebieten.

NEBENBEMERKUNG

Sepp Wudy nach müssten also Wacholderbeeren bei Strahlenschäden helfen. Man könnte sie versuchsweise mal gegen die Nebenwirkungen bei Krebsbehandlungen mit Bestrahlungen einsetzen.

Stevan Bogic
„Die werden überleben, die Nahrung und Wasser haben werden, welche vor Vergiftung verwahrt wurden. Viele werden bereuen, weshalb sie die Flaschen, welche sie weggeworfen haben, nicht mit Wasser aufgefüllt und vergraben haben, und dass sie in ihren Kellern in den Fässern Wein und Schnaps anstelle von Weizen und Mais aufbewahrt haben."

Irlmaier
Außer Kerzenlicht sollen keine Lichter mehr funktionieren. Es gibt keinen Strom. Alle offenen Wasser werden giftig und alle Speisen, die sich nicht in verschlossenen Dosen befinden. Gläser halten die Vergiftung nicht ab. Man soll keine Milch trinken. Brote und Mehl

halten sich, aber Feuchtes verdirbt, wie z. B. Fleisch, außer es befindet sich in Metallbehältern, z. B. Dosen.

Marie-Julie Jahenny
Es wird eine schwere Krankheit geben, die menschliche Wissenschaft nicht lindern kann. Diese Krankheit wird zuerst das Herz angreifen, danach den Geist und gleichzeitig die Zunge; sie wird schrecklich sein. Die Hitze, die damit einhergeht, wird ein unerträgliches und so intensives, alles verzehrendes Feuer sein, dass alle Glieder des Körpers rot anlaufen werden, ein grausames und unerträgliches Rot. Nach 7 Tagen, das ist die Inkubationszeit, wird diese Krankheit, die als Same im Feld gesät worden ist, sich sehr schnell überall ausbreiten und mit großen Schritten fortschreiten.

Die Blätter des weißen Hagedorns, nicht seine Zweige, können den Fortschritt dieser Krankheit aufhalten. Die Blätter können auch getrocknet verwendet werden. Man soll sie in kochendes Wasser geben und sie dann ungefähr 15 Minuten ziehen lassen. Dabei den Behälter so zudecken, dass der Dampf nicht entweichen kann. Am Anfang dieser Krankheit soll dieses Mittel dreimal täglich getrunken werden. Diese Krankheit veranlasst zu Sich-ständig-übergeben-Müssen und zu Bewusstlosigkeit. Wenn das Heilmittel zu spät genommen wird, werden die befallenen Teile des Körpers schwarz anlaufen und in dem Schwarz wird eine Art Blässe und gelbe Punkte erscheinen.

ANMERKUNG

Es kann nichts schaden, wenn man sich für alle Fälle getrocknete Blätter des weißen Hagedorns (also Weißdorns) in seine Notfallapotheke packt.

Möglicherweise beschreibt Jahenny hier die Auswirkungen des Gelben Striches in Bereichen, wo die Konzentration des Giftes geringer ist als in der absolut tödlichen Zone. Immerhin kann der Wind das Gift vielleicht verbreiten.

UND HIER NOCH EIN TIPP VON MIR

Punkte am Körper zum Massieren. Tun Sie dies mit leichtem Druck, auf dem Punkt kreisende Bewegung wenigstens 3 Minuten lang.

Zur Beruhigung und bei Angst

Punkt 1 liegt direkt am unteren Ende des Brustbeins.

Punkt 2 liegt in der Verlängerung des Rinfingers am Handballen auf der Seite der Handfläche. (Vor allem bei Versagensangst.)

Punkt 3 liegt unter der Mittelfingerkuppe, wenn Sie die rechte Handfläche auf die rechte Kniescheibe legen, den Zeigefinger auf die höchste Knochenerhebung legen und den Mittelfinger abspreizen.

Atmen Sie bei starker Angst in die gut geschlossenen Hände aus und ein und versuchen Sie, sich auf das Ausatmen zu konzentrieren.

Klopfen Sie leicht und rhythmisch auf Ihre Brustmitte, bis die Angst weggeht.

Bei Schlafstörungen und Störung des inneren Gleichgewichts

Punkt 1 liegt direkt unter dem Innenknöchel.

Punkt 2 liegt direkt unter dem Außenknöchel.

Zur Kräftigung

Punkt 1 liegt in der Mitte zwischen den Brustwarzen.

Punkt 2 liegt auf dem Zeigefinger direkt da, wo sich Daumen und Zeigefinger treffen.

Bei inneren Krämpfen (Koliken)

Punkt 1 liegt in der Schwimmhaut zwischen Großzehe und 2. Zehe.

Punkt 2 liegt auf dem Fußrücken, wo der Knochen der Großzehe sich mit dem der zweiten Zehe trifft.

Bei Krampfanfällen

Punkt 1 liegt am daumenseitigen Nagelfalzwinkel des Mittelfingers.

Punkt 2 liegt am Ende der dicken Falte unter dem Kleinfinger am Rande der Handfläche. Die Falte liegt unter der Falte des Kleinfingergelenkes.

Kapitel 19
FLUCHTTIPPS FÜR DEN LETZTEN DRÜCKER

Diese Fluchttipps sind nur für Leute, die sich nicht rechtzeitig in die sicheren Gebiete begeben haben oder es schon jetzt nicht wollen.

Gemäß der Vorhersagen fast aller Propheten wird der Einmarsch aus dem Osten sehr überraschend und sehr rasch erfolgen, um so schnell wie möglich bis zur Atlantikküste vorzustoßen. Das bedeutet, dass die russischen Truppen erst mal alles links liegen lassen, was schwer zugänglich ist. Außer dort befinden sich kriegswichtige Anlagen oder Abwehrstellungen. Die Besetzung dieser abgelegenen oder schwer zugänglichen „Pampas“ soll dann später erfolgen. Doch kommt es den Propheten nach dazu nicht mehr.

Es ist schwer zu sagen, von wo aus die russischen Truppen ihren Vorstoß nach Westen beginnen werden und wie lange sie dann brauchen, um bis zum Rhein zu gelangen. Da sich einigen Propheten nach die Polen auf die Seite der Russen stellen werden, und die russischen Truppenspitzen schon an der Westgrenze Weißrusslands und der Ukraine stehen müssen, damit das Ganze klappen kann, bedeutet das: Der Vorstoß bis nach Ostdeutschland hinein wird weniger als 2 Tage dauern.

Da der Angriff so überraschend und massiv erfolgt, wird die erste Verteidigungslinie der Rhein sein. Laut Propheten stoßen die russischen Panzerkolonnen unaufhaltsam, dabei Tag und Nacht fahrend, bis zum Rhein vor. Daher wird auch der Durchzug von der polnischen Grenze bis zum Rhein deutlich rascher erfolgen als Hitlers Blitzvorstoß nach Dünkirchen, der gegen heftigen Widerstand und mit deutlich schlechterer Technik nur 10 Tage dauerte. Man kann hier weniger als 2 Tage annehmen. Das ist aber schwer zu schätzen. Ich gehe daher davon aus, dass etwa 4 Tage nach Kriegsbeginn die Gebiete ab etwa 60 km östlich des Rheins relativ feindfrei sind. Den Propheten nach wird ja der russische Nachschub dann durch den Gelben Strich blockiert.

Weiter östlich vom Rhein werden also nach den ersten Kriegstagen in den überrollten Gebieten nur noch Nachschubkonvois unterwegs sein und Flughäfen und wichtige Verkehrsknotenpunkte von Garnisonen besetzt sein. Das weite Land aber wird dann kaum mehr von Invasionstruppen bevölkert sein. Das müssen Sie sich vor Augen halten, um richtig zu reagieren. Auch werden verkehrstechnisch abgelegene Gebiete ohne wichtige Industrie, Kommunikations- und Militäranlagen gar nicht vom Feind durchquert oder gar besetzt werden. Sie sind wie Inseln im Strom.

Weiterhin bedeutet der überraschende Kriegsbeginn, dass Sie nur Stunden Zeit haben, ein Versteck zu finden, sobald es losgeht. Vor den Panzern kommen ja schon Fallschirmtruppen, Flugzeuge usw.

Fast alle Propheten sagen übereinstimmend, dass die Invasion völlig überraschend erfolgen wird. Sie sind also gar nicht darauf vorbereitet, wenn es passiert.

Was also tun?

IN DEN ERSTEN 2 KRIEGSTAGEN GILT

Sie sind in der Todeszone um Frankfurt, falls sie relevant ist:

Wenn Sie direkt in Frankfurt wohnen oder anderswo in dieser Zone keinen guten ABC-Schutzraum haben, dann müssen Sie diese Zone bereits bei Kriegsbeginn verlassen und sich Ihr Versteck außerhalb suchen.

In allen anderen Fällen gilt:

Wenn Sie fliehen müssen, dann flüchten Sie nicht mit dem Ziel, weit weg zu kommen. Sie werden nicht weit kommen, da zum einen alles verstopft ist und zum anderen die Invasoren einfach zu schnell sind. Flüchten Sie in ein Gebiet oder an einen Ort in der Nähe, der abgelegen, schwer zugänglich und ohne irgendwelche militärischen Anlagen, Kraftwerke, Depots, Kleinflughäfen oder Industrieanlagen ist, ohne Schienen und Straßen. Ein einfacher Wald, der mitten in einem sonst leicht zugänglichen Gebiet liegt, genügt da aber nicht. Es muss ein wirklich abgelegenes Stückchen Erde sein, nicht unbedingt ein kilometerweites Gebiet, aber eben abgelegen, schwer zugänglich und nur für Naturfreunde interessant (z. B. ein dichtes Gehölz in einem größeren Wald). Etwas, wo man nicht hingeht, wenn man eilig auf der Durchreise ist, und was auch für ein Versteck oder für ein Deckung nehmen bei der Durchreise zu abseits liegt oder als Alternative gegenüber anderen Deckungsmöglichkeiten für durchziehende Truppen mit Panzern und Fahrzeugen nur zweite Wahl ist. Die Invasoren werden Sie nicht suchen. Versetzen Sie sich einfach in die Lage von motorisierten Soldaten und Panzern, die so rasch wie möglich und völlig rücksichtslos nach Westen vorrücken wollen und dabei alles plattwalzen, was sie können.

Wo gehen die in Ihrer Gegend sicher nicht hin?

Bunker oder Schutzräume in Gebieten, die leicht zugänglich sind, sind nicht sicher, da sie dort von den Invasoren aufgespürt werden können. Allerdings werden diese auch dazu nicht viel Zeit haben, so dass man durchaus in einem gut versteckten Schutzraum oder auch nur nach außen gut abgeschlossenen, aber nicht so leicht entdeckbaren Keller überleben kann. Gut abgeschlossen, weil man gegen die 3-tägige Finsternis abgesichert sein muss. Allerdings werden Sie nicht nur von den Invasoren, sondern auch von Plünderern in den chaotischen Zuständen nach dem Durchrollen der Invasionsfront bedroht. In Städten sind Sie daher generell nicht sicher wegen der Plünderer, und weil hier eventuell auch Besatzer zurückbleiben und Sie als „Helfer" rekrutieren wollen.

Schauen Sie sich schon jetzt nach einem Versteck um und wie Sie am schnellsten dorthin kommen.

Auf alle Fälle ist es besser, sich rechtzeitig in die sicheren Gebiete abzusetzen. Eine Alternative dazu ist das hier nicht, denn es besteht keine Garantie, dass Sie nicht ins Kriegsgeschehen verwickelt werden – ganz im Gegensatz zu den sicheren Gebieten.

Wenn Sie aber vom Krieg überrascht werden, nicht weit weg flüchten, sondern sich ein Versteck in der Nähe (maximal 10 km Umkreis) ausgucken.

Sollten Sie in der Nähe des Rheins sein (ca. 50 km), dann versuchen Sie, diesen noch am ersten Kriegstag zu überqueren. Vertrauen Sie aber nicht zu sehr dabei auf Ihr Auto. Und bleiben Sie nicht in der Nähe des Rheins. Sie haben nur Stunden Zeit dafür.

Bei der Auswahl Ihres Versteckes müssen Sie jedoch anhand dieses Kapitels (siehe unten) abklären, ob Sie sich in einem der absolut tödlichen Gebiete befinden oder nicht.

a. Sie befinden sich in einem der absolut tödlichen Gebiete, das relevant ist

Hier genügt erst mal jede beliebige Art Unterschlupf, z. B. ein Zelt, das Ihnen Schutz vor Wetter und Wind gibt. (Aber beachten Sie unbedingt die obigen Regeln für Ihre Auswahl.)

b. Sie befinden sich nicht in einem der absolut tödlichen Gebiete

Sie müssen bei der Auswahl Ihres Unterschlupfes auch darauf achten, dass er Ihnen Schutz vor der 3-tägigen Finsternis bieten kann (Kapitel 17). Sie sollten ihn nämlich bis nach dieser nicht mehr verlassen. Zum Beispiel genügt eine feste Hütte oder eine mit Brettern etc. verschlossene Höhle oder ein getarnter Wohnwagen oder sonst eine Unterkunft, die nach außen abgeschlossen ist, damit Sie auch die dreitägige Finsternis überstehen können. Ein Zelt reicht nicht aus, weil man auch mit schweren Unwettern und Stürmen rechnen muss.

Wenn Sie bei Kriegsausbruch keinen solchen Unterschlupf kennen, dann ist erst mal jede beliebige Art zu nehmen, die Schutz vor Regen und Kälte bietet. Sie haben dann keine Zeit mehr zum Suchen. (Aber beachten Sie unbedingt die obigen Regeln für Ihre Auswahl.)

2. IHR VERHALTEN NACH DEN ERSTEN 2 TAGEN

a. Sie befinden sich nicht in einem der absolut tödlichen Gebiete

Bleiben Sie in Ihrem Versteck, sofern es für die 3-tägige Finsternis tauglich ist. Konnten Sie einen solchen Unterschlupf aber nicht finden und befinden Sie sich nicht zu nahe am Rhein (mindestens 50 km entfernt) oder in der Nähe eines strategisch wichtigen Ortes (siehe unten), dann bleiben Sie so lange in Ihrem Versteck, wie Sie es aushalten. Sollten die Warnzeichen für die 3-tägige Finsternis eingetreten sein (Kapitel 17), dann müssen Sie nach den ersten beiden Wochen vorsichtig versuchen, in Ihr Haus zurückzukehren. Dann ballt sich alles am Rhein zusammen und weiter östlich werden sich in unwichtigen Gegenden keine Invasoren mehr aufhalten. Wichtig sind größere Verkehrswege, Flugplätze, Energieanlagen, Kommunikationsanlagen. Eben alles, was eine Armee im Hinterland besetzt halten muss, um ihren Nachschub zu sichern. Für mehr als das haben die Invasoren vorerst keine Kräfte übrig. Benutzen Sie aber kein Auto und meiden Sie von Autos befahrbare Wege. Bewegen Sie sich nachts, ohne Licht. Sie kennen die Gegend und Nachtsichtgeräte haben die Invasoren auch nicht wie Sand am Meer. (Besorgen Sie sich jetzt ein Nachtsichtgerät.)

Am besten ist, wenn Sie das erste intakte Haus besetzen, auf das Sie stoßen, vorausgesetzt, es liegt in einer unwichtigen Gegend. Einigen Sie sich mit den Bewohnern, wenn diese auch da sind. Und bereiten Sie dann das Haus auf die 3-tägige Finsternis vor (siehe Kapitel 17).

b. Sie befinden sich in einem der absolut tödlichen Gebiete

Sie befinden sich in der Zone des Gelben Striches

Auch wenn Sie sich in einem Bunker sicher fühlen, Sie müssen dieses Gebiet jetzt verlassen. Der Gelbe Strich soll den Propheten nach eingesetzt werden, wenn die Russen den Rhein erreicht haben. Sie müssen also aus dem Gebiet des Gelben Striches nach den ersten 2 bis 3 Tagen fliehen – je nachdem, wie weit Sie es bis aus der Gefahrenzone haben. Dabei hilft Ihnen, dass die Invasoren sich ca. 4 Tage nach Kriegsbeginn schon wahrscheinlich östlich des Rheins konzentrieren.

Sie befinden sich in einer der übrigen Todeszonen

Hier können Sie wenigstens 4 Tage abwarten. Da es jedoch keine sicheren Angaben der Propheten gibt, wann im Kriegsverlauf die tödliche Gefahr eintritt, ist ab dann jeder weitere Tag des Abwartens ein Risiko.

Auch hier hilft Ihnen, dass sich die Invasoren bereits am Rhein konzentrieren werden und alle absolut tödlichen Gebiete dann in Bereichen liegen, die weitgehend von Invasoren entblößt sind.

Wenn Sie bei Ihrer Flucht folgende Regeln beachten, haben Sie daher gute Chancen, die absolut tödlichen Gebiete zu verlassen und sich eine neue Zuflucht außerhalb davon zu suchen. Diese muss Ihnen aber Schutz vor der 3-tägigen Finsternis bieten können (siehe Kapitel 17).

3. RATSCHLÄGE FÜR DIE FLUCHT

Fahrräder sind unauffälliger als Autos und können alle Wege nehmen. Sie werden aber auch zur Überquerung von Flüssen ein Schlauchboot brauchen und etliche lange Seile (z. B. um das Schlauchboot von Ufer zu Ufer zu ziehen). Am besten eignen sich für den Transport von Gehbehinderten, Kindern und Gepäck Rikschas. Bewegen Sie sich tagsüber, wenn Sie keine Nachtsichtgeräte haben, und vermeiden Sie weite, offene Flächen und Städte. Besser Umwege dann. Folgen Sie nicht den Verkehrswegen (Autostraßen und Bahn). Halten Sie Abstand zu Sendemasten und allen technischen Gebilden, Gebäuden usw. Tragen Sie Tarnkleidung (also nichts auffällig Gefärbtes). Machen Sie ausreichend Pausen und bewegen Sie sich langsam. Erschöpfte machen Fehler. Militäranlagen werden Sie nicht sehen, daher können Sie sie nicht umgehen. Meiden Sie Orte mit frischen Fahrzeugspuren und aufsteigendem Rauch. GPS nützt nichts. Ein Kompass und wenigstens ein guter Autoatlas sind unentbehrlich.

4. WAS AUF DIE FLUCHT MITNEHMEN

Den Propheten nach geht es darum, erst mal möglichst schnell in ein nahegelegenes Versteck zu flüchten. Dabei brauchen Sie nur Nahrung und Wasser für 2 Wochen, etwas zum Schutz vor Regen und Kälte und abblendbare Taschenlampen für die Nacht. Noch besser wäre ein Nachtsichtgerät. Sollten Sie ein Notfallgepäck vorbereitet haben, wäre das sehr gut. Sind Sie in einem absolut tödlichen Gebiet, müssen Sie so bald wie möglich in nahegelegene Häuser bzw. in Ihr Haus gehen und dort Ihr Fluchtgepäck zusammensuchen oder ohne Gepäck fliehen. Sind Sie nicht in einem solchen Gebiet und haben nicht rechtzeitig vorgesorgt, müssen Sie Obiges eben dann tun, wenn Sie keine Vorräte mehr in Ihrem Versteck haben.

EINIGE VON PROPHETEN EMPFOHLENE VERSTECKE

Ihre Relevanz wird einfach dadurch belegt, dass der Prophet, der sie empfiehlt, auch den Krieg vorausgesagt hat, der einen jetzt vor Ort überrollt. Dies gilt für alle unten aufgeführten Aussagen.

Die hier aufgeführten Gebiete gehören aber nicht zu den sicheren Gebieten, in die man sich rechtzeitig vor Kriegsausbruch begeben sollte. Sie liegen mitten im Kriegsgeschehen und ihre Relevanz wird erst klar, wenn der Krieg bereits läuft. Um sie als Zuflucht auszuwählen, sind sie prophetisch zu unsicher. Hat man aber zu lange gezögert und braucht nun auf den letzten Drücker eine Zuflucht und wohnt man nahe bei diesen Gebieten (ca. 10 km), dann ist es besser, diese zu nehmen, als eine ungewisse längere Flucht zu beginnen, die sowieso zu langsam ist.

UNBEDINGT BEACHTEN:

Vor den Invasoren können Sie sich verbergen, vor der 3-tägigen Finsternis, wenn sie eintritt, nicht.

Lesen Sie Kapitel 17 und richten Sie sich darauf ein, auch wenn Sie zu spät flüchten.

DEUTSCHLAND und ÖSTEREICH

Gegend bei Unkel

Von Leutesdorf bis Unkel wird es noch relativ leidlich sein. Unkel selbst aber meiden. Die Linzer werden gebeutelt und müssen alles verlassen, um im Gebüsch sich zu verstecken, aber sie können so überleben.
Knopp

Kobernauser Wald

Wer im Sauwinkel im Innviertel lebt, soll, wenn der Krieg kommt, in den Kobernauser Wald gehen und Nahrung für eine Woche mitnehmen. Länger muss er sich nicht verstecken.
Österreichische Sagen

Berge bei Siegburg

Das bergische Land wird menschenleer. Nur die sich in den Bergen, die das Siegtal begrenzen, verbergen, werden überleben.
Spielbähn

Oberlichtbuchet

Der Krieg wird so lange dauern, bis ein Bauer, der sich mit einem Laib Brot auf den großen Felsen bei Oberlichtbuchet flüchtet, diesen aufgegessen haben wird. (also etwa 1 Woche)
Böhmerwald-Sagen

Bayerischer Wald

Fuchsenriegel und Falkenstein werden als Zufluchtsorte empfohlen.

Ebenso die Wälder im Perlbachtal, sowie die Käsplatte bei Sankt Englmar.
Überlieferung aus dem Bayerischen Wald

FRANKREICH

Lyon ist die Zuflucht der Pariser, die vor dem Bürgerkrieg dort fliehen.
Marie des Brotteaux

Die Bretagne ist ruhiger als anderswo in Frankreich.
Marie-Julie Jahenny

GRIECHENLAND

Wenn der Krieg kommt, soll man in die Berge fliehen. Man soll in die Berge von Omalia und Merope flüchten. Man soll Hals über Kopf flüchten und sich nicht mit Gepäck aufhalten, denn das Übel wird nicht lange dauern.

Das entspricht dem einen Laib Brot, der ausreichen soll. Statt der Berge von Omalia und Merope werden es sicher auch andere, schwer

zugängliche Berge tun, die schon die griechischen Freiheitskämpfer vor den Türken verbargen.
St. Cosmas, The Aetolean

ABSOLUT TÖDLICHE GEBIETE

(siehe dazu die entsprechende Karte)

Dies sind Gebiete, in denen es Ihnen auf die Dauer nichts nützt, wenn Sie sich erfolgreich vor den Invasoren verstecken. Sie haben dort keine Überlebenschance. Wenn Sie sich bei Ihrer Alarmstufe 3 in die sicheren Gebiete begeben, befinden Sie sich nicht mehr in diesen Gebieten. Sie brauchen ihre Lage also nur zu kennen, wenn Sie sich bei Kriegsbeginn noch darin aufhalten. Dann aber ist auch klar, welche Alarmsirenen prophetisch sind. Wenn eine solche mit Sicherheit prophetische Sirene ein Gebiet als absolut tödlich bezeichnet, dann können Sie sich auch darauf verlassen, dass es das ist. Daher gebe ich bei jedem Gebiet an, welche Alarmsirene heulen muss, damit es gültig ist. **Gebiete, deren Alarmsirenen nicht bei Kriegsbeginn heulen, sind nicht relevant, d. h. sie sind keine absolut tödlichen Gebiete.**

Beschreibung der Alarmsirenen siehe Kapitel 6.

1. Alle Küstengebiete unter 100 m über NN.

Versuchen Sie wenigstens auf über 50 m über NN zu kommen.

Megatsunamis, die England und alle an die Nordsee angrenzenden Küsten verwüsten, werden von mehreren Propheten für die Kriegszeit vorhergesagt. Die aus den Vorhersagen schließbaren Fluthöhen liegen zwischen 30 und 100 m über NN. Außerdem handelt es sich wohl um mehrere Tsunamis verschiedener Höhe. Einmal ein durch die russischen Invasoren mittels einer Megaatombombe in der Nordsee ausgelöster „kleinerer" Megatsunami und dann die viel größeren Megatsunamis, die das Beben während der 3-tägigen Finsternis auslöst.

Eine der folgenden Alarmsirenen muss heulen, damit diese Gebiete als besonders bedroht gelten: AS 2, AS 9, AS 10, AS 11, AS 13.

2. Der Umkreis von 200 km um Prag

In jedem Fall, so weit wie möglich weg von Prag, auch wenn Sie die 200 km nicht schaffen. Wenn es unterwegs losgeht, ein enges Tal, eine Erdspalte oder irgendeine Erdvertiefung aufsuchen, die nicht in Richtung auf Prag zu verläuft.

Irgendeine massive Naturkatastrophe oder ein umfassender Atomwaffeneinsatz, der Prag vernichtet und ganz Böhmen (Nordwesten von Tschechien) verwüstet, wird von mehreren Propheten für die Kriegszeit vorhergesagt. Die Zerstörungszone soll auch noch Gebiete erfassen, die 50 km von der tschechischen Grenze entfernt liegen (Bayerischer Wald, Fichtelgebirge, Waldviertel in Nordösterreich). Da das Zentrum der Katastrophe den Seheraussagen nach wohl Prag ist, ergibt sich ein Umkreis von 200 km um Prag, wenn man sichergehen will, nicht in der Zerstörungszone zu sein. Wien z. B. bleibt intakt und belebt.

Eine der folgenden Alarmsirenen muss heulen, damit diese Gebiete als besonders bedroht gelten: AS 9, AS 10, AS 11.

3. Die Zone des Gelben Striches

Der Gelbe Strich ist ein im schlimmsten Fall 200 km breiter Streifen quer durch Deutschlands Osten, der durch ein neuartiges Kampfmittel so total vergiftet wird, dass dort nichts überleben kann. Offenbar nutzen gegen dieses Mittel nicht einmal die ABC-Schutzanlagen der russischen Panzer. Der Kampfstoff wird von einem Schwarm Drohnen abgeworfen und bedeckt zigtausende von Quadratkilometern. Wahrscheinlich versucht die NATO so, den russischen Nachschub zu blockieren, ohne Rücksicht auf Zivilisten. Der Abwurf des Giftes soll erfolgen, wenn die Invasoren sich am Rhein drängen. Die Zone wird leider nicht klar von den Sehern beschrieben. Doch ist es am wahrscheinlichsten, dass die Verursacher versuchen werden, die Länge des Streifens zu minimieren, um Kampfstoff und Zeit zu sparen. Da damit wohl der russische Nachschub blockiert werden soll, ist es auch sinnvoll, keinen Ostseehafen westlich der Zone unverseucht zu lassen. Daher kann sich der Strich quer über Dänemark weiterziehen, um die dänischen Ostseehäfen auszuschalten. Das wird allerdings nicht prophezeit.

Man sollte auf jeden Fall die Linie Kiel – Bayreuth – Landau an der Isar nach Westen hin überqueren. Nach Osten hin sollte man die Linie Prag – Stralsund überqueren.

Eine der folgenden Alarmsirenen muss heulen, damit diese Gebiete als besonders bedroht gelten: AS 9, AS 14.

4. Paris, London, Marseille, Genf

Paris wird den Sehern nach durch einen Bürgerkrieg total verwüstet, London und Marseille fallen gewaltigen Tsunamis zum Opfer und Genf wird durch irgendeine nicht näher erklärte Katastrophe völlig zerstört.

Eine der folgenden Alarmsirenen muss heulen, damit diese Gebiete als besonders bedroht gelten: AS 1, AS 2, AS 9, AS 13.

5. Großbritannien, außer den Berggebieten

England soll bis auf die Berglagen ab 100 m über NN im Meer versinken, wahrscheinlich durch die vorhergesagten Riesentsunamis im Verlauf der 3-tägigen Finsternis.

Eine der folgenden Alarmsirenen muss heulen, damit diese Gebiete als besonders bedroht gelten: AS 9, AS 11.

6. Frankfurt am Main

Die Todeszone ist Frankfurt am Main und dessen weitere Umgebung. Ein Radius von mindestens 50 km. Mainz, das 40 km von Frankfurts Zentrum entfernt liegt, wird noch mitzerstört. Wahrscheinlich wird hier eine große Atombombe eingesetzt.

Eine der folgenden Alarmsirenen muss heulen, damit diese Gebiete als besonders bedroht gelten: AS 9. Wenn Sie vertiefende Informationen zu den absolut tödlichen Gebieten lesen möchten, empfehle ich Ihnen das ausgezeichnete Buch von Stephan Berndt: „Prophezeiungen – Alte Nachrichten in Neuer Zeit“, Reichel Verlag.

ÜBERSICHT ÜBER ALLE VORZEICHEN

POLITIK

Hohe Inflation in der EU (über 8 %).

Eine sehr große Anzahl Ausländer kommt nach Bayern.

Masseneinwanderung aus Südosteuropa.

Bürgerkriege in der EU.

Zerstörung Manhattans.

Papstname ist Petrus, Simon oder Peter.

Papstbesuch in Russland.

Der Beinahekrieg in Mitteleuropa.

Krieg im Nahen Osten.

Der Papst flieht aus Rom.

Mord auf der Balkankonferenz.

BAUWERKE

Eine Brücke wird bei Köln über den Rhein gebaut.

Eine Straße wird in Linz am Rhein durch den Erpeler Wald gebaut.

Atommülllager in der „Wild“, also im Waldviertel, gebaut.

Bahnlinie im Bau von Hunderdorf nach Perastorf.

Bahnlinie im Bau an die Schwarzach.

Eine Brücke in das Pitztal im Bau.

Die Reschenpass-Bahn in Planung.

NATUREREIGNISSE

Das Super-Frühjahr vor Kriegsbeginn.

Die extreme Dürre mindestens in Europa.

Die „Cows of Gowrie“ kommen an Land.

Der River Beauly trocknet aus.

Die Bäume auf dem Berge Blanik sterben ab.

Der Wald am Hennenkobel verschwindet.

Schneefall im Sommer in Mitteleuropa.

Ein See entsteht neu im Stodertal.

Meeres-Flutkatastrophe in Irland.

Der ständig rote Himmel zumindest in USA.

Die beiden Megaerdbeben (x) Japan und (   ) Kalifornien.

Funkenregen im Waldviertel.

Die seltsamen Himmelsbewegungen.

Das gewaltige Licht am Himmel.

SONSTIGES

Das Wunder von Garabandal.

Auffallend kurzer Fasching.

Kein Buchinger mehr in Rabenstein.

Extreme Preise für Brennholz.

Viele Babys weltweit haben graue Schläfen.

Vollbärte (Kapuzinerbärte) voll in Mode.

Frauen tragen Haare vorne länger als hinten.

INFORMATIONSQUELLEN ZU DEN VORZEICHEN

Ob folgende, schwierig zu überprüfende Vorzeichen eingetroffen sind, kann man an den hier angegebenen Stellen erfragen oder im Internet nachlesen. Die hier nicht aufgeführten Vorzeichen wird man automatisch in den normalen Nachrichten, im Internet oder aus großen Tageszeitungen erfahren.

Es genügt vorerst, an den hier mit ** gekennzeichneten Stellen einmal im Jahr nachzufragen, um sie nicht zu sehr zu belästigen. Erst wenn sich Vorzeichen häufen, sollte man kürzere Abstände wählen.

Atommülllager in der „Wild" wird gebaut

Internet: „Atommülllager im Waldviertel, bzw. in Österreich"

Die „Cows of Gowrie" kommen an Land

** Contact Invergowrie Church

E-Mail: information@invergowrie.f9.co.uk oder

http://www.virtualtenby.co.uk/news.asp?latest=Invergowrie

Der River Beauly trocknet aus

Beauly ist ein Städtchen am River Beauly.

** Dort ist das The Beauly Centre

Tel: 0044 1463 783444

Die Reschenpass-Bahn in Planung

Die Brücke in das Pitztal im Bau

** Nachfrage bei Straßenmeisterei Landeck/Zams

Tel: 0043 512 508 8760, E-Mail: strassenmeisterei.landeck@tirol.gv.at

Brücke bei Köln im Bau

Internet News „Bau einer Rheinbrücke bei Köln“

Baubeginn der Straße bei Linz am Rhein durch den Erpeler Wald

Übersicht über Bauprojekte: http://www.lbm.rlp.de/Bauprojekte/

** Genauere Nachfragen bei Straßenmeisterei Linz

Tel.: 02645/96077-0, E-Mail: SM-Linz@Lbm-cochem.rlp.de

Die Bäume auf dem Berge Blanik sterben ab

** Einfach nachfragen bei einem Hotel in Louňovice pod Blaníkem, Tschechien

Der Wald am Hennenkobel verschwindet

** Nachfragen bei: Kur- und Touristik-Information Zwiesel

Tel: 0049 9922 8405-23, E-Mail: touristinfo@zwiesel.de

Der Name Buchinger verschwindet in Rabenstein

Telefonbuch Deutschland Zwiesel/Rabenstein

Die Bahnlinie von Hunderdorf nach Perastorf wird gebaut

Website Gemeinde Hunderdorf

Die Bahnlinie an die Schwarzach wird gebaut

Website Gemeinde Neunburg vorm Wald und Gemeinde Bodenwöhr

WEITERFÜHRENDE LITERATUR

Da dieses Buch nicht für die Menschen geschrieben ist, die sich nicht rechtzeitig in sichere Gebiete absetzen, kann ich hier auch nicht ausführlich auf die Frage „Was tun, wenn man vom Krieg überrollt wird" eingehen. Das wäre ein ganzes eigenes Buch.

Wer sich darüber informieren will, dem empfehle ich folgende Literatur:

Kann man einen Atomkrieg überleben? von Dr. Josef A. Schmelzer, Herausgeber: Studieninstitut für individuelle Sicherheitsstrategien, ISBN 3-88858-030-7, Prometheus Verlags- GmbH. Schutzraumanlage, Notausrüstungen, Verhalten im Ernstfall. Sehr dick.

Handbuch für Zivilschutz Sure Verlag, Hagen. Umfassende Informationen zu Schutzanlagen und Ausrüstung, viele Adressen für deren Beschaffung. Sehr dick.

Selbstschutz bei Krisen und Katastrophen, Hans-Peter Wimmer, ISBN 3-581-66467-4, Humboldt-Taschenbücher

1x1 Der Vorsorge, Hans-Ullrich Müller, ISBN 3-895-39-278-2, Michaels Vertrieb Taschenbuch
Viele Checklisten und Übersichten

Lexikon des Überlebens, Karl Leopold von Lichtenfels, ISBN 978-3-938484-26-5, Anaconda Verlag
Ratschläge zu vielen Fragen im Lexikonstil

Prophezeiungen zur Zukunft Europas und reale Ereignisse, Stephan Berndt, 2011, Reichel Verlag

Prophezeiungen – Alte Nachricht in neuer Zeit, Stephan Berndt, 2010, Reichel Verlag

Alois Irlmaier - Ein Mann sagt, was er sieht, Stephan Berndt, 2009, Reichel Verlag

ANHANG

Nur fett gedruckte Propheten erbrachten brauchbare Aussagen.

Abbé Souffrant

Abd-Ru-Shin

Abu Huraira

Adam, Bruder

Adams, Evangeline

Adso, Mönch

Agathangelos

Ageda, Bischof Christianos

Agharti

Agreda, Ehrwürdige Maria von

Aiello, Schwester Elena

Albrecht, Josef

Ali, Schwester Anna

Alocci, Enzo

Amadeus de Syloa, Blessed Johannes

Amsterdamer Botschaft

Ambrose, St.

Anastasius, St.

Andrew Salos St.

Anne of Jesus Torres (Mariana de Jesus Torres)

Anselm, St.

Anthony of Aix-la-Chapelle Brother/Br. Anthony of Aachen

Antonius von Köln

Apostolic Constitutions The Didache and Arthur C. Clarke

Augustine, St.

Aumont, Madalena

Aystinger the German

Babaji, Sri

Baha'ullah Persian mystic and founder of Bahi / Baha'i Prophecy

Bailey, Alice A.

Balam, Chilam

Bellarmine, St Robert Francis Romulus

Baourdi, Marie (Sister Mary of Jesus Crucified of Paul)

Baron, Renato

Bartholomew de Saluzzo, Venerable

Basher, Dina

Bauer aus Elsen

Bauer bei Bregenz

Bauer-Rapp, Christine

Bearcan, St.

Becher, Barbara

Becket, Thomas

Bede, St.

Bellay, Nonne von

Benedict, St.

Bernadine Von Busto

Berosus

Betrone, Schwester Consolata

Beulah, Lynch and Treanor, Mark

Beykirch (Prophetensammler)

Bianchini, María Esperanza

Biernacki, Wladyslaw

Billiante, Countess Francesca de

„Black Spider“, Mönch

Blavatsky, Helena P.

Bogic, Stevan

Bonet, Gina

Bosco, Don

Bouquillon, Sr. Bertina (Nursing Nun of Belay)

Bourg, Josephine du

Bourg, Mother Josefa of

Brahan Seer

Brandt, Erna

Brandt, Joe

Brave Buffalo, Brule-Sioux-Nation

Bridget of Sweden (St. Birgitta)

Brinkley, Dannion

Brogan, St.

Brotteaux, Marie des

Buchela

Bufalo, St. Caspar del

Caesarius von Heisterbach, Abt von Prüm

Caesarius of Arles, St.

Cain Cyndi

Calvat, Melanie

Canori-Mora, Elisabeth

Castillo, Novice Teresita

Cataldus of Tarentino St.

Catherine aus Frankreich

Catherine of Siena, St.

Cayce, Edgar

Césaire d' Arles

Chambon, Schwester Marie-Marthe

Chmel von Prag, Ludmilla

Christine, Lucie

Claesson

Clausi, Bernhard

Columban, St.

Comte Saint-Germain

Constantine, St.

Cortés, Donoso

Cosmas St. The Aetolean

Crazy Horse, Lakota-Indianer

Croly, David Goodman

Cuevas, Luz Amparo

Curique of Metz Abbe

Curotte, Emma Blanche

Cycil the Hermit/Cyril of Jerusalem, St.

Damascene, St. John

Dames, Ed

Deganawida: Die zwei Schlangen

Der alten Linde Sang von der kommenden Zeit (um 1850)

Pfarrer Handwercher

Piccareta, Luisa

Pie of Poitiers, Bishop

Pio, Pater

Pitcher, Moll

Papst Johannes XXIII

Papst Leo VI

Papst Pius IX

Papst Pius X

Papst Pius XII

Poreaus, David

Porsat, Magdalena

Pouskof, Mönch, St. Nicolas Chapel

Prag, Blinder Jüngling von

Pratt, Orson

Premol, Mönch von

Prokop, der Waldhirt

Q'ero-Inka-Schamanen

Qiyamah – Die Zeichen des letzten Tages (arabisch)

Quattrini, Mama Rosa (Our Lady of the Roses)

Queen Brigite Order A Sister of

Rabanus Blessed Maurus Magnentius

Racconigi, Blessed Catherine of

Rafols, Mother Maria

Ramonet, Jeanne-Louise

Ramussen, Sandy (Our Lady of Light)

Rasputin, Grigori Jefimowitsch

Ravasio, Mother Elisabetta-Eugenia

Reinholtz, Joseph (Our Lady of the Cross)

Rembold, Bernard

Remigius, St.

Rensburg, van

Reymond Abbot Monastery of Sainte Claire

Ricci, Fr. Laurence

Richter Jean Paul

Rigord of St. Denis

Rill, Andreas (Feldpostbriefe)

Robin, Marthe

Rocco, Ludovico

Rodge, Olav

Rolle of Hampole, Richard

Roman Oracles Anon.

Roque, Cardinal la

Rosa Buzzini Moneies

Royer, Jeanne Le
(Sister Mary of the Nativity)

Rudio, Allan (Manila)

Ruiz Estella, Pheonix
(Our Lady of the Americas)

Ryden, Vassula

Sabana Grande, 3 children, Puerto Rico, 1953

Sabato, Mario de

Sagen aus Deutschland

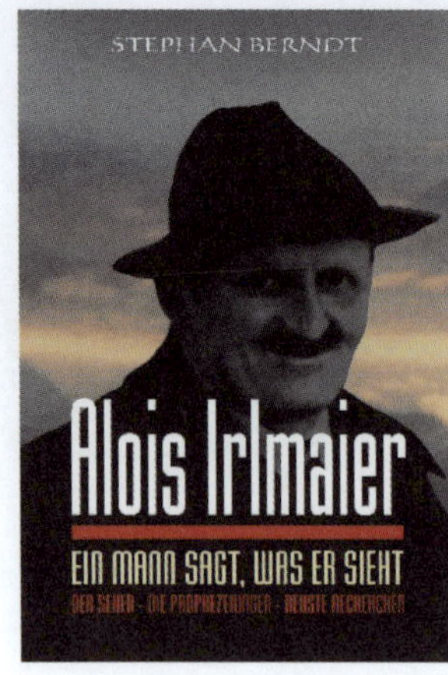

Stephan Berndt

Alois Irlmaier
Ein Mann sagt, was er sieht

Das umfassendste Werk über den Jahrhundertseher. Irlmaier als Mensch, Seher und Prophet.

Wo führt das alles hin? Wie geht es weiter mit Russland? Wird Europa die Schulden- und Euro-Krise wirklich überwinden? Die Frage "Was bringt die Zukunft?" ist so alt wie die Menschheit. Gerade in unsicheren Zeiten aber neigen Politiker dazu, dem Volk eine Zukunft vorzugaukeln, die in Wahrheit nie kommt. Sowohl das Volk als auch die Eliten und Herrscher haben seit jeher in solchen Zeiten ihre Seher und Orakel befragt. Einer der besten Seher Europas war der Bayer Alois Irlmaier (1894-1959).

304 S, broschur, € 16,90
ISBN 978-3-941435-01-8

Stephan Berndt

Refugium
Sichere Gebiete nach Alois Irlmaier und anderen Sehern

Aussagen der bekannten europäischen Hellseher zu den unterschiedlichen Gebieten in Deutschland, Österreich, Schweiz und Europa. Berndt stellt die Ergebnisse in rund 20 detaillierten Landkarten zusammen. In den Karten werden die einzelnen Kriegsvorhersagen berücksichtigt, ebenso die Vorhersagen zu Überflutungen, zu der dreitägigen Finsternis und teilweise auch die bürgerkriegsähnlichen Unruhen. Der geographische Schwerpunkt des Buches ist eindeutig der deutschsprachige Raum bzw. Mitteleuropa, aber das Buch behandelt – soweit das möglich war – auch die anderen Staaten Westeuropas.

230 Seiten, broschur, € 17,95
ISBN 978-3-926388-60-5

Stephan Berndt

Wenn Beteigeuze explodiert

Das Buch beschreibt die letzten großen Vorzeichen für den großen Wandel. Damit wagt sich der Autor tief hinein in den vor uns liegenden dunklen Tunnel. Aber das macht er, damit der Leser das Licht am Ende des Tunnels besser erkennt.

236 Seiten € 19,90

ISBN 978-3-946959-81-6…

Stephan Berndt

Neustart

Mit seinem inzwischen neunten Buch zum Thema traditionelle europäische Prophetie legt Stephan Berndt eine Analyse der Prophezeiungen speziell zur Zukunft Deutschlands in der Zeit nach dem prophezeiten dritten Weltkrieg vor. Dieses zukünftige neue Deutschland (und Mitteleuropa) soll – man lese und staune – von Königen regiert werden, und es soll aufblühen!

328 Seiten € 18,95

ISBN 978-3-946959-13-7

Stephan Berndt

Prophezeiungen zur Zukunft Europas und reale Ereignisse

Sorgfältige Analysen von fast 250 Quellen haben erstaunliche Übereinstimmungen der wichtigsten Voraussagen ergeben. Obwohl uns Kriege und gewaltige Naturkatastrophen bevorstehen, gibt es Gebiete, die weniger betroffen sein werden, und wo man verhältnismäßig sicher sein kann. Auch werden wir wieder wunderbare und friedliche Zeiten erleben.

301 Seiten € 17,90

ISBN 978-3-926388-82-7

Friedrich Scholz

Die Spielregeln des Lebens

12 Gesetze, die unser Schicksal lenken

Universelle Gesetzmäßigkeiten, die alles Leben umfassen. Nach ihnen zu leben schenkt innere Zufriedenheit und Glück.

168 Seiten, € 14,90

ISBN 978-3-941435-16-2

Duane Elgin

Das Lebende Universum

Woher wir kommen. Wohin wir gehen.

Das Universum ist bewusst. Alles, was existiert beeinflusst auf positive oder negative Weise das Universum. Und es reagiert darauf.

248 Seiten, € 18,50

ISBN 978-3-941435-04- 9

Felix R. Paturi

Leben statt Angst

**Keine Angst vor dem Leben.
Befreien Sie sich!**

Das Buch möchte Ihnen Ihre Ängste nehmen beziehungsweise, Ihnen den wahren Sinn eines wirklich erfüllten Lebens bewusst machen. Ängste sind Ängste, das reale Leben ist unvergleichlich viel mehr: Leben ohne die Angst vor dem Versagen zu haben, bedeutet frei und ohne vorgefasste Erwartungen aus dem Vollen zu leben. Es bedeutet aber zugleich, das Leben in all seinen Phasen bewusst zu erleben, also sich auf das Leben selbst einzulassen, das Leben vorurteilfrei wahrzunehmen.

158 Seiten, € 14,95

ISBN 978-3-946959-20-5